養一檔會掙錢的股票

鄭廳宜——著

U0124506

Contents
目次

PART **2**

掌握趨勢
基本面與操作的原則

PART 3 存股實戰

推薦序

最有料的快樂投資學

老周

鄭教授是我認識的投資圈朋友裡面，少數同時具備理論與實務經驗的財經專家之一。

教授為人真誠，教學認真，上節目風趣，卻能精準傳達財經訊息與觀念給投資大眾及莘莘學子。

剛認識教授時，我問他：「你教哪一科？」

他回答：「大哥，我每一科都教。」原因是，每當其他同仁生病，或者臨時有事，他總是義不容辭的當起代課老師。

這讓我想起一則笑話：

有一位學校工友，遇上數十年不見的小學同學。

同學問他在哪裡高就，他簡單回答說：「學校。」

同學又問：「你教哪一科？」

他說：「我每一『棵』都澆。」

鄭教授真的是有教無類，每一科都教，因為他有料；每一棵都澆，因為他作育英才。

每次溪頭857步道健行，沿途總會遇上認識或不認識的粉絲。對於各種提問，教授總能耐心解惑，幽默以對，逗得每一位山友笑開懷。

鄭教授說，投資是快樂的事。如果因為投資而煩惱，把身體搞壞，豈不內外皆輸。

鄭教授最常說：「孤獨也是一種才華。」其實，投資也可以不孤獨，只要你與趨勢相隨。

《今周刊》董事長謝金河說：「放慢速度也是另一種賞心悅目。」短線進出，飆速投機，不會長久，長期投資才是王道。

先探周刊總主筆乙哥說：「投資要懂哲學與歷史。」

稻盛和夫說：「不懂哲學，你頂多是專業的傻瓜。」鄭教授引用歷史數據，加上自家見解，讓您成為聰明的贏家。

鄭教授新書《養一檔會掙錢的股票》文簡流暢，理實並重。尤其關於利率與股市的章節，內容精闢入理，值得玩味。

希望讀者粉絲們暢讀教授著作之餘，更能運用於股市，這也應該是鄭教授書寫本書最大的期望。

（本文作者為投資家、慈善家）

推薦序

讓好股票幫你實現夢想

黃啟乙

鄭廳宜教授的新書《養一檔會掙錢的股票》即將出版，令人期待！

這些年，市場上很多人，和投資人講「存股」，事實上又有多少人，可以真正做到？

在某個演講場合結識鄭教授，被他的熱情所感動。其後，又見到鄭教授於《經濟日報》所主辦的投資組合競賽中，屢次奪冠，對其選股、看趨勢的功力頗為佩服。

鄭教授早年於銀行工作，當年近四十歲之時，毅然決定放棄銀行安穩的工作環境，前往日本攻讀博士，學成之後，回到台中僑光科技大學任教。

曾經問過鄭教授，為什麼有勇氣放棄銀行工作，到日本念書，攻讀博士？鄭教授回答：「這是人生的期待及夢想。」

　　但我的重點是，沒有薪水之後，生活會不會比較艱辛？尤其是到日本念書，鄭教授說：「只要找幾檔會為你掙錢的個股，就不用愁了！」這實在太有道理了。

　　人生有很多夢想，常常會因為現實環境所困，而只能是夢想，無法實現。但如果真的可以找到會掙錢的個股，幫我們賺錢，何愁夢想不能實現。

　　鄭教授終於把他的獨門密技寫在這本書上，讓讀者得以一探他的選股方法，讓有緣人可以找到幾檔一直幫我們賺錢的個股。

　　「師者，傳道、授業、解惑也。」而本書的出版，將讓我們的投資人生，以及人生的投資，更加容易以及精彩！

（本文作者為先探周刊總主筆）

作者序

虔誠賭徒的告白

紅男綠女在「合久了分是易；分久了合則難」的命運交響曲目中，進行著他們的情海遊戲規則。

而一旁資本主義的賭徒也在「贏過了輸是多；輸過了贏則少」的主旋律下，在其紛擾的市場賽局中，持續扮演著他們貪婪的動能角色。海象驟變濤浪風雲起（系統風險）、伏流莫測險礁暗中藏（非系統風險）的雙重命題桎梏下，對航馳於兵凶戰危股海的投資普羅大眾而言：面對它—認知它—化解它的虔誠學習，就當作是股海道場中的修行吧！

本書期許成為茫茫股海中，兼具學理素養與實務操作的一座明燈。因此重視參與市場前應具備的投資觀念建立，以及強調執行操作紀律的遵守。並在循序漸進中解析總體趨勢風向變化，進而掌握個體渠道通路方向。熟讀本書達到心領意會的境界，將是創造財富的不二法門。

不管你是資本主義的虔誠賭徒，或是用時間複利創造財富的投資人，更不管今天過後你是20歲、30歲、40歲，或是80歲。還是要喚起你那少年的英姿，懷著欲窮千里的心動，讓未來投資歲月中能喚起翩翩的驚鴻。

藍天無際，白雲舒捲，疾馳海光，豐碩之旅，與你同行！

（鄭廳宜於僑光科技大學）

本書使用說明

提到股票，很多人都抱有迷思：「台股上萬點，還能投資嗎？」「存股是不是買進後放著不管就好了？」「一直抱著不賣，會不會被套牢？」其實，只要跟著本書學會正確的投資觀念，掌握基本的操作原則，你將發現，存股不僅是最適合每一個人的投資方式，現在的台股環境更提供了最棒的存股條件：

① **如果你是股市新手，對投資一知半解，卻又躍躍欲試想靠存股為自己加薪**：請從「Part1開始存股前必備的投資觀念」讀起，奠定扎實基礎。

② **如果你是投資老手，學了很多技術分析指標，卻還是無法穩定獲利**：請參考「2－4如何以技術面作為買賣判斷依據」。

③ **如果你的情緒容易受股價漲跌影響，還沒賺到錢就已經快崩潰**：請先參考「1－4投資第一步：建立正確心態與觀念，遵守操作紀律」，並搭配閱讀「3－2存股要存什麼股？還能存嗎？」。

④ **如果你想精準判斷股票走勢**：請參考「2－1如何看懂長期趨勢」「2－2如何判斷短期多空趨勢」。

⑤ **存股正夯，到底該如何避免盲從，買進真正可靠的股票？請參**
考「2－3以公司基本面作為選股的依據」，並詳讀「Part3存股
實戰」，學會不跟風的獨立判斷能力。

　　這本書不教你殺進殺出、緊迫盯盤，而是告訴你如何穩健交
易，當個快樂的投資人。從此以後，股票就是你最可靠的小豬撲
滿，慢慢養、穩穩賺，輕鬆開創財富路上的無限可能！

PART 1

開始存股前
必備的投資觀念

　　進行任何投資，都必須有正確的心態和概念，本
章將帶領讀者從投資人常見的迷思開始做好進場前的
準備。

01 什麼是定存股？

　　「存定存股」的觀念如同投資基金定期定額，也就是除了定期定額買進股票之外，再把每年領到的股息用來買進股票，以時間複利創造財富。存定存股與投資股票的最大差異，可列舉如下：

❶ 投資股票是以賺取資本利得（價差）累積財富。常見的操作方式，長則波段，短則當沖，個股投資的金額不一，如同主動式基金，需要投資人隨時調整持股。既然要賺取價差，選股應以成長型且波動性高的個股為主。

❷ 存定存股是以時間複利創造財富，所以投資的時間要夠長，每年需要較高的殖利率，如同被動式的基金。選定個股後，原則上就不再調整，選股應以穩定且股價波動小的個股為主。

　　存定存股，還有幾個觀念必須澄清：

❶ 存定存股不見得只能存一檔個股，但建議最多不要超過三檔。

❷ 股價不在相對高檔時，可以定期定額隨時買進，如第一金
（2892）股價在22元以下時可擇機買進；若股價在相對高檔時，
可以找指標作為買進的訊號，如技術指標KD。當多頭趨勢將結
束，就可以賣掉全部股票，等待再次下跌後的相對低點，再把
高點時賣出股票的錢，用來一次買進定存股的標的。

至於該如何判斷多頭何時結束，以及如何有效率地存定存股等
操作方式，將在本書Part3分享。

某次上節目，和一位理財達人討論存定存股時，聽到「管理式
定存股」這個新名詞，讓我覺得匪夷所思。對方口中所謂管理式定
存股，就是選擇買進殖利率比較高的股票，當股價上漲、產生獲利
時就停利；如果股價往下跌，就參與配息配股。

乍聽之下，似乎是很好的投資方式，但是依我的看法，所謂
「管理式定存股」其實就是被套牢了，才不得不參與配息配股。因
為投資人自己不敢面對這個殘酷的事實，才產生「管理式定存股」
這種講法。

為什麼我會有這樣的觀點？首先投資人必須理解「存定存股」
的正確觀念。再強調一次，所謂存定存股，就是投資人「利用時間

與複利來創造財富」，既然要利用「時間」與「複利」來創造財富，投資人所選擇投資的定存股標的，至少必須符合兩個條件：

❶ 公司必須能夠永續經營，也就是選擇不會倒的產業及公司。

❷ 股票獲利穩定且殖利率高。

為什麼台灣是最棒的存股環境

何謂不會倒的產業及公司？要回答這個問題確實不簡單。有學過投資學的人，應該都聽過「無風險利率」。

什麼叫無風險利率？比方說，投資人把100萬美元借給美國政府，美國政府保證每年給投資人的利率為3%，正因為美國政府不會違約，所以這3%的利率就稱為無風險利率。目前全球公認的無風險利率為美國公債。

台灣的無風險利率，則以台銀、華銀、土銀、合庫、一銀、彰銀等過去或現在的官股銀行的1年期定存的固定利率為代表。

再次強調，無風險利率就是「不會倒閉的公司」給投資人的利率。所以我一直主張，如果要存定存股，一定要選擇過去或現在屬於官股的金融行庫。

💰 台灣有四好

有一次去東森「雲端最有錢」節目時，我問兼具美麗與智慧的主持人：「在台灣，晚上十二點之後敢不敢到街上遊逛？」

主持人二話不說：「敢啊！」——這說明台灣第一好：治安好。

問問去過英國的人：「英式料理好不好吃？」

有人這麼評價：「不吃會後悔，吃了更後悔。」——這說明台灣第二好：料理好。

經過新型冠狀病毒 （COVID-19）疫情之後，台灣人更能了解台灣第三好——健保制度有夠好。

至於第四好是什麼呢？就是有不會倒閉且平均高殖利率、過去或現在屬於官股的金融行庫可以做定存股的標的。

台灣有四好：治安、料理、健保樣樣好，更好的是銀行不會倒，提供了最棒的存股環境！

投資是時勢造英雄，不是英雄造時勢

2008年金融海嘯後，由於美國聯邦利率[1]趨近於零，也無法以傳統貨幣政策改善經濟問題，美國聯準會開始推出QE政策[2]，大量印鈔票購買長期債券。如此一來，不但讓全球股市大漲，台股也從2008年11月最低點3,955點，至2017年5月正式站上萬點，且上演萬點的行情至今。

1　美國各家銀行間的借款利率，代表的是短期市場利率。

2　量化寬鬆（Quantitative easing，簡稱 QE）為非正規的貨幣政策，由央行透過公開操作市場，印鈔買債券，藉此將大量的貨幣供給量注入實體經濟環境中。

　　在2008年金融海嘯之後的這段期間，只要是存定存股的投資人，不但可以領到較高的殖利率，也很容易賺到價差。高殖利率加上正價差，當然也就創造出高報酬率，在2008年危機入市的投資人多半都大豐收了。如此誘人的成果，難怪吸引許多投資人想要存定存股。

　　但是，大部分投資人卻沒有正確觀念，不明白存定存股是「利用時間與複利來創造財富」的道理，老是隨著股價起伏。在此必須要跟投資人澄清兩個概念：

❶ 在多頭市場時，隨便買隨便賺，投資人很容易獲得高報酬率；相對的，在空頭市場時，投資人所損失的價差，往往會損及殖利率的報酬。

❷ 存定存股必須選擇股價波動率小的產業及個股，報酬與風險是一體兩面，也就是說，如果投資人預期投資報酬率有10%，風險也相對為10%。

　　想做一個快樂的投資人，必須了解自己到底是要以低買高賣的方式賺取資本利得，還是靠存定存股賺取殖利率。如此一來，才不會因為別人投資的個股大漲，自己持有的個股股價文風不動而感到懊惱。

投資另類的思維：累積善事，福報將至

想靠買賣股票的價差賺錢，有時候也要有福氣。

以下跟各位分享我的親身經歷。這兩個例子給我的啟示是：平常可真要多做一點好事，才有機會福至心靈。

空閒時間去溪頭健行、登上天文台，是我生活的一部分。每次前往天文台的路程中，總是會碰到許多山友，這當然是很正常的事，可是那天就是特別奇怪，想想簡直像碰到鬼一樣。

大概兩年多前，我在價格約40元時買進博智（8155）這檔個股。買進後，股價呈現大波段的上漲，股價來到近100元。有一天（我清楚記得那天是星期五），我跟老婆準備上溪頭天文台，在距離天文台約1公里處的路旁石頭上，坐了一個人。

就那麼湊巧，那個人剛好聽到了我與老婆談到投資博智一事，沒想到他竟然打斷了我們的談話，並對我說：「你剛在講博智嗎？我是它的上游廠商喔（就是這麼巧！好像遇到鬼一樣）。博智業績真的非常好，因為我是上游廠商，所以非常清楚。但是現在漲到這邊，也差不多了吧……」

聽了他的話，我想了好久。既然對方是上游廠商，想必最了解博智的狀況，應該是冥冥中有某種神祕的力量，老天爺派他來告訴我這句話，於是回家後就把博智全部賣掉了。沒想到賣掉之後，博智大漲到140多元，真是令人搥心肝啊！如果多做些善事，我的福氣或許會再多一些吧！

那時候，我實在太專注於思考如何操作博智這檔股票。後來想想，當時真應該看看那個人講完話後還在嗎（是神還是鬼？）。

另一個例子發生在南投草屯社區大學，當時我任教於該校，其中有兩位學生，一位是券商營業員，另一位則是他的證券客戶。

有一天，證券客戶同學忽然接到營業員同學的電話：「大姐，妳昨天買了聚陽，要記得交割喔，少了多少多少錢⋯⋯」

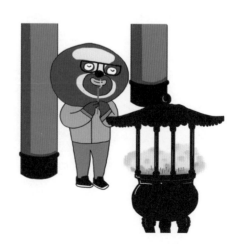

股票投資的成敗有時毫無規則可循，想靠股票獲利，除了做足準備之外，也需要一點「福氣」。

26

她一頭霧水問:「我沒有買聚陽啊!」

後來才知道,她的手機放在褲子口袋裡,是手機自己幫她下的單,而且剛好買在漂亮的最低點。

所以我說,平常要多做好事。你看這樣的買點跟賣點,是不是充滿了玄機?

03 投資有風險，這些事不能做

在學習如何獲利前，我更希望投資人先了解投資的風險和禁忌，以免還沒獲利就先被打臉。唯有正視風險，才能有效控管風險。

💲 鐵齒的風險

金融商品特色之一，就是「漲時漲到投資人無法相信，跌時跌到投資人想要自殺」。投資人要永遠記住，金融商品隨時存在著意想不到的風險，要心存敬畏，絕對不能鐵齒。

之前有個很勁爆的投資故事：一位年輕人用0.025美元買了十口小輕原油期貨，一夜慘賠550萬元。他以為風險就只有0.025美元，絕對是一樁本輕利重的超划算交易，沒想到期貨價格居然出現負值，而且收盤價更是誇張的－37.63美元。

疫情持續在全球蔓延，導致石油需求大幅下降，造成油價崩跌，但期貨價格轉負，還是令人覺得匪夷所思。這則故事的背景就

發生在2020年4月20日，5月份WTI[3]原油期貨的價格在單日內暴跌，竟然跌至負值，單日跌幅逾306%，也讓投資人見證了歷史。這齣荒腔走板的戲碼，讓所有連接原油的金融商品災情慘重。

受到疫情拖累，2020年台股指數也上演雙殺的戲碼。首先殺多頭，台股指數在3月9日跌破年線11,078點後，呈現雪崩式暴跌，直接攢破十年線關卡，3月19日指數最低一度來到8,523點，期間並沒有出現投資人所預期的逃命B波[4]，使得投資人損失慘重。

接下來殺空頭，台股指數來到最低8,523點後，上演大幅度V型反轉，期間同樣沒有出現投資人所預期的W型型態[5]，這波台股指數在短短不到兩個月內，強勁反彈約3,000點，不少空頭在台股V型反轉過程中受重傷。

此外，美股在2020年2月底上演兩次下跌超過千點、最多跌掉五千點的歷史紀錄，3月9日再度演出觸發熔斷機制、暫停交易的現象，都是二十三年來首度出現。所以，要在市場存活，絕不能「鐵齒」。

3　西德州中級原油（West Texas Intermediate），是國際石油市場的一種基準價格。

4　指數或股價在暴跌趨勢中，可分為A、B、C波，A與C是下跌波，B波則是跌深反彈，所以在大跌中，要賣個好價格，就需賣在跌深反彈的B波，此波就被稱為逃命波。

5　指數或股價跌到最低點後，指數或股價在上漲過程中，往往會再一次拉回修正，K線將形成兩個底部的型態，形狀如同英文的W。

 融資斷頭的風險

德國股神科斯托蘭尼（André Kostolany）與日本股神是川銀藏不約而同給了投資人一則忠告——不要借錢投資股票。

投資人若想不被股票市場請出場，就得先學會不借錢投資股票。綜觀證券歷史，股災是投資人避不掉、且必須面對的課題，因此，進場前必先掌握資金風險控管的觀念。

簡單來說，絕對不要融資買股票，特別是在不確定因素可能降臨的時候。眼看當下許多投資人擴張信用，利用融資買進股票，心存「一夜致富」的貪念，下場往往是面對股市在一夕之間豬羊變色的措手不及，不但賠光本金，還可能倒貼負債，務必引以為戒。

股市中的四大禁忌

在股票市場，我有四件事情不做：

❶ 往下攤平股價

❷ 當沖

❸ 操作台指期貨

❹ 重壓個股

以下將逐一說明。

>> 下跌趨勢中，絕對不能往下攤平股價

「股票指數是領先指標。」這是大多數投資人琅琅上口的一句話，但真正領略的投資人卻不多。這樣的誤解，導致台股指數在疫情影響下跌到最低8,523點，接著上演一齣所謂「無基之彈」（沒有基本面支撐的反彈）行情，在神奇的台股指數來到11,000點左右之後，許多做空的投資人因此被軋空，遭受慘痛的損失。

所謂「股票指數是領先指標」，這句話正確的先後順序應該是：

❶ 股票指數先跌 → ❷ 疫情開始嚴重 → ❸ 各種經濟指標敗壞

大部分投資人的錯誤觀念卻是：

❶ 疫情開始嚴重 → ❷ 各種經濟指標敗壞 → ❸ 股票指數才跌

以美國道瓊指數為例，2020年2月道瓊指數開始雪崩式大跌後，接下來新型冠狀病毒全球大流行，經濟指標陷入大幅度衰退。但是大部分投資人觀念錯誤，預期經濟指標會大幅衰退，指數將會大跌，因此進行放空操作，最後被軋空，遭逢巨大損失後黯然出場。

在個股方面，「股價同樣是領先指標」，因為資訊不對稱，公司未來基本面好不好，會先反映在股價漲跌。

例如：上銀（2049）股價從2018年4月達到最高價530元後，往下持續大跌，2018年10月股價最低為181元。

但上銀營收卻從2018年4月的2,462,095（千元）連續成長好幾個月，且創下歷史新高，一直到2018年11月的營收年成長還來到12.7%（請見**表1-1**）。

在每股盈餘方面，2018年第二季與第三季的EPS分別為5.42元與5.79元（請見**表1-2**），紛紛創下歷史新高，期間當然有許多投資人投入資金繼續往下攤平，一般投資人口袋不夠深，往往在大幅損失下停損出場，或是長期被套牢。這也說明技術指標往往是基本面的領先指標。

表1-1 上銀（2049）2018年與2019年單月營收與增減

	單月營收	去年同月營收	單月年增率
2019/04	1,957,222	2,462,095	-20.5%
2019/03	1,880,117	2,386,136	-21.2%
2019/02	1,501,218	1,911,575	-21.5%
2019/01	1,667,522	2,255,359	-26.1%
2018/12	1,751,055	2,135,568	-18%
2018/11	2,301,474	2,041,337	12.7%
2018/10	2,650,004	1,971,326	34.4%
2018/09	2,809,488	1,921,487	46.2%
2018/08	2,734,603	1,870,316	46.2%
2018/07	2,811,145	1,822,209	54.3%
2018/06	2,701,630	1,771,500	52.5%
2018/05	2,620,473	1,690,148	55%
2018/04	2,462,095	1,640,959	50%
2018/03	2,384,745	1,602,264	48.8%
2018/02	1,911,575	1,428,898	33.8%
2018/01	2,255,359	1,268,757	77.8%

資料來源：奇摩（Yahoo）股市

表1-2 上銀（2049）2018年與2019年單季的每股盈餘(EPS)

	2018	2019
Q1	4.21	2
Q2	5.42	2.72
Q3	5.79	1.26
Q4	2.48	-0.01
總計	17.9	5.97

資料來源：奇摩（Yahoo）股市

圖1-1 上銀（2049）股價走勢圖

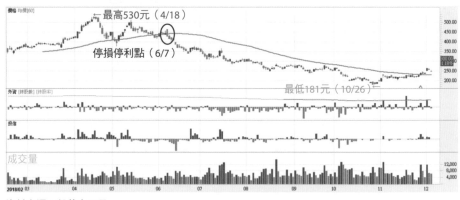

資料來源：凱基大三元

　　像上銀（2049）這樣的個股，應該以技術面作為操作的依據。

　　如**圖1-1**所示，2018年6月7日之前已經出現盤頭現象[6]，6月7日正式出現長黑K線跌破季線，預期未來季線將往下彎，此時在低點

6　股價在高點橫向整理後下跌，整理過程中，K線往往形成像人頭的型態。

買進者應做停利，在高點買進者應做停損，圖中圓框即為停利停損點。

因此當股票正在下跌時，絕對不能往下攤平。攤平成本的首要條件是手中仍有足夠現金，簡單來說，即是口袋要夠深。一般散戶的資金並不多，絕對不能採取往下攤平的投資方法。

只有資金雄厚的大戶主力、法人及外資可以應用攤平的策略。不過，往下攤平的策略使用在個股操作時，雖是散戶的最大致命傷，但應用在台灣50ETF時，卻是可以致勝的策略。

》當沖輸贏機率各為50%

除非你是操作奇才，否則別做當沖。學過統計的投資人都知道，當沖的次數越多，就會呈現常態性分配。簡單來說，當沖輸贏機率各為50%。

在不考慮買賣手續費，只算交易稅千分之三的情況下，只要投資人當沖約333次，就會把投資的本金全部輸光。換言之，如果投資本金為100萬，只要當沖超過333次，那100萬元將全部繳作交易稅。再加上盯盤的情緒壓力，股價上下震盪較大，容易讓人心生恐懼，無法客觀判斷。

» 口袋不夠深，絕對不可投機

德國投機大師科斯托蘭尼曾說過一段經典名言：「有錢的人可以投機，錢少的人不可以投機，沒錢的人一定要投機。」簡單來說，口袋不夠深絕對不可投機，否則在投資的路上將死無葬身之地。

衍生（投機）性金融商品，諸如期貨、選擇權、權證，有兩個最主要的特點，第一是糖衣——衍生性金融商品常常標榜風險有限、獲利無限，這就是「糖衣」。投資人誤認為只要付出少許的保證金或權利金，只要對未來大盤或個股的漲跌判斷正確，投資報酬率都將有機會翻倍。

人們往往只看到「糖衣」的美好，忽略背後「毒藥」的致命。「毒藥」是這些投機性金融商品的第二個特點——都具有結算日或到期日。一般來講，大盤或個股長期走勢容易判斷，但短期走勢非常難判斷，所以操作台指期貨的「短期」走勢判斷必須力求精準，否則常常在到期日前的期間內看似持續大賺，但到期日當天（有時甚至還沒到結算日前）就因為行情震盪劇烈，保證金不足且無法及時補足，慘遭期貨公司直接斷頭，立刻產生大幅虧損。

投資風險極高的衍生性金融商品時，最怕投資人的無知，再加上過度自信，一旦市場呈現短期大幅震盪，不但有輸光本金的危險，還可能負債千百萬。

從1998年，台灣正式開展期貨交易以來，大約每隔二至四年，就會上演一波高槓桿投資人忽略風險的慘劇。

例如2018年2月6日的前一天，北韓試射飛彈，引發美股大跌；隔天台股現貨開盤前，期貨市場已先行大亂。接下來2月6日的選擇權大屠殺，當天有些賣方投資人保證金不足，因而由賺轉成虧損百萬，甚至上千萬元，全市場發生了14.4億元的違約金額。這起事件再度驗證了期貨、選擇權等高槓桿金融商品的巨大風險。

我到南投溪頭天文台健行，有一次與住在南投鹿谷的當地茶農談到期貨，茶農表示操作台指期五口竟然大輸200多萬元，當初他在期貨帳戶有50萬元，而期貨指數約在10,000點，買一口台指期的保證金不到10萬元，所以他認為自己只是投資50萬元左右，殊不知他輸贏的本金金額約在1,000萬元[7]，這就是投資人對於台指期投資的無知。

7　大台指期1點為200元，10,000×200元／點×5口。

» 不要重壓個股

一旦重壓個股,只要該檔個股上下震盪幅度稍微大一點,就非常容易讓人產生恐懼、憂慮,自亂陣腳後,就沒辦法正確判斷。

我的投資中,通常有六成是操作較長的波段,期間超過一年以上,另外四成才是比較短線的操作。

什麼叫短線?短線即是短期交易,久一點可能投資一、兩周,短則三、四天,甚至更短是一、兩天,較少做當沖。六成長波段操作當中的個股,當然都是用來賺錢生財的,那麼,該怎麼尋找這些投資標的呢?既然要操作超過一年以上,當然得非常謹慎地調查這家企業。透過參訪投資標的公司,了解老闆是否對公司未來的發展方向足夠明確、該產業未來的趨勢如何。如果這些條件都釐清,且符合長期投資條件,即可長期持有。

投資第一步：建立正確心態與觀念，遵守操作紀律

投資人在設定投資目標時，應考慮自己的財務狀況，以及個人忍受風險的程度，再依景氣狀況進行不同的操作決策。投資人常有「千金難買早知道」以及「萬金難買不知道」的後悔心態，大多數人無法克服貪婪的欲望，導致後悔事件不斷上演。

基本上，只要確實設定目標，克服貪婪的心態，賺錢並非難事。投資成功的第一步是不貪、不悔、不懼，接著建立正確的投資觀念與操作方法，並嚴格遵守投資紀律，這是獲利的不二法門。

買進股票一定要有理由

許多投資人都靠小道消息、問明牌來買股票，這種「一無所知」或「一知半解」的心態，一旦進了股市，遇上一點利空或不明所以的下跌，就會驚惶失措地亂賣一通，這正是股市中九成投資人會賠錢的最大原因。所以，任何一次出手買股，都一定要找出充分買進的理由。思考買進的理由時，必須確認這些條件：

❶ 經過長期的觀察，經營者是否值得信任。

❷ 該產業是否有未來性，該公司在該產業是否為領導者。

❸ 自己是否熟悉股價過去的起伏慣性。

論抱股的時間，我絕對比大多數投資人還要更久，為什麼？因為我比一般人還要不怕。為什麼不怕？因為每當我在執行一個大波段投資前，一定會親自深入訪問這家公司（有時甚至與一群專業投資好友結伴同行），而且每個月都會盯公司營收，確認業績是否和老闆講的一樣。如果驗證老闆所言不假，當然就敢抱一個比較長的波段。

⑤ 買進後預先設定停損點

「停損」是停止損失，也就是我們常說的斷尾求生。傑西・李佛摩（Jesse Livermore）談到資金管理時曾說：「請記住，投機客在出手交易前，一定要牢牢設好一個停損點，而且千萬不要讓自己承擔超過本錢10%的損失。」

「留得青山在，不怕沒柴燒。」這句話可視為停損的最佳註解。

「買股票容易，賣股票難。」一語道破忍痛賣股在操作上的難度，這正是買股票常被套牢的真正原因。一般散戶買進股票後，假如股價下跌，通常不會認為自己選錯股，反而認為只是小幅拉回，堅持自己的運氣不會那麼差，對未來仍抱著一絲絲希望。結果事與願違，股價一路下挫，賠了錢卻不願意賣，這正是股票被套牢最主要的原因，也是一般投資人最常犯的錯誤。所以投資人要記得，停損賣掉會痛，不停損將來會更痛。

停損點的設立，主要是根據技術分析。當股價跌破重要支撐時，立即停損賣出。所謂「重要支撐」，我設定為「跌破60日均線（季線），且季線往下彎」。股價一旦跌破重要支撐，即要遵守停損的紀律。除此之外，也可以設定「手中持股絕不賠超過8%或10%」等條件。要在股市生存，一定要學會「執行停損」的能力。

🪙 設定獲利目標

所謂設定獲利目標，就是「停利」。停利即是帳上的利益實現，把賺到的錢放進口袋。股票市場唯一不變的就是瞬息萬變，股價在變動過程中，一路飆升的狀況是不存在的，再樂觀的行情，也有曲終人散、股價反轉往下挫的一天。所以，停利的另一層意義，就是避險。

　　股市中常聽到：「會停損是徒弟，會停利才是師傅。」俗語也說：「會買股票是徒弟，會賣股票才是師傅」。懂得停損與停利，才能養成「小賠大賺」的能力。也就是說，進入股市就要有賺大錢的企圖心，停利的最低門檻可設定在25%或30%，停利點也可以配合技術分析來執行，同樣必須在股價跌破重要支撐時，立即停利賣出。

賣出股票後，不要馬上換股操作

　　如果因停損而賣出股票，要記得審度情勢，冷靜思考：目前股市是否為多頭市場？停損賣出後能否汰弱擇強？否則將重蹈覆轍，再次停損賣出。

　　如果因停利而賣股，要留意以下關鍵：假如大盤漲幅已大、頭部已形成，表示趨勢可能即將反轉；假如想買進的個股基期相對已高，則可能高價換高價，淪為自作聰明。

　　所以，賣出股票後最好先耐心觀察，再考慮布局新的股票。

股市致勝之道，只有二個字：「等待」

司馬懿在誅殺曹爽時曾說：「我揮劍只有一次，可我磨劍磨了幾十年哪。」

司馬懿的這種精神也是投資致勝之道，投資股票最重要是「等待」，第二重要也是「等待」，第三重要同樣是「等待」。

投資大師科斯托蘭尼說：「股市裡所賺的錢往往不是靠腦袋，而是靠坐功。」什麼是坐功呢？就是「等待」；「等待」就是學會「戒急用忍」。每次出手，必須選擇具有未來性的產業，以及預期營收季季成長、獲利年年增加的個股，並且堅持「等待底部出現後買進，頭部形成後賣出」的大波段操作原則。

孤獨是一種才華

許多投資人買進股票後，眼看股價好一陣子都不太變動，漸漸失去耐心，決定賣掉，結果股價就開始大漲。這個時候，投資人就會油然而生「運氣真不好」的沮喪感受。

投資人要知道，其實不是你的運氣不好，而是很多主力會算個股籌碼。當這檔個股有很多外來民族（也就是一般散戶）的時候，主力不會馬上拉抬股價讓你出貨，而是要先把散戶的籌碼洗得非常乾淨，才會拉抬股價。

所以，如果有一檔個股一直往上漲停板時，可以判斷：這檔個股當中，大多數散戶都已撤離，那會剩下誰在裡面？當然是以主力占多數。所以不要怪自己的運氣差，原因出在籌碼面。

投資人務必要了解主力到底在做什麼，因為業績好的個股，不代表股價就會一直上漲，而是主力在這檔個股進貨布局好了，股價才真正有機會大漲。

2018年，勤誠（8210）股價漲到100多元。這檔個股大概30多元時，我就一直在Facebook社團和Line群組與大家分享。漲到100多元時，我很感慨，到底群組裡有幾個投資人與我一樣持有到100元還沒賣？所以說，孤獨也是一種才華。

另一檔台表科（6278）2019年1月29日股價在40元附近，當時我也不斷在社團和群組中與大家分享。之後，股價波段漲到最高點128元，期間曾跌破季線、形成破底翻。股價不管來到60元、70元

或80元，只要股價回檔修正後，形成量縮，我都持續建議大家可以買進，卻經常受到群組裡一些酸民奚落：「漲那麼高才要我們買。」總之在股市裡，贏家總是寂寞的。

投資最忌諱盲從跟風，有時候，
孤獨也是一種才華。

PART **2**

掌握趨勢
基本面與操作的
原則

　　存股絕非抱著不放就好，養成定期觀察經濟指標
的好習慣，搭配簡單高效的技術分析操作原則，你的
獲利將大大不同！

如何看懂長期趨勢：經濟指標放兩邊，利率與匯率擺中間

　　國際金融情勢變化的分析就是「趨勢」，股神巴菲特曾說過：「不要與趨勢作對。」也就是說，市場永遠是對的。在多空變化迅速的投資環境中，多頭可以做，空頭也可以做，就是不要做豬頭。

　　所謂不要做豬頭，就是永遠不要和趨勢作對。趨勢的判斷取決於對國際金融情勢的分析與掌握，我認為台股長期趨勢的多空判斷，取決於「利率」與「新台幣匯率」這兩項指標的趨勢變動。

分析國際情勢時，切記把經濟指標放兩邊，「利率」、「匯率」擺中間。

搞懂利率與匯率變化，就是長期贏家

很多投資人都想知道如何分析與掌握國際金融的趨勢。在所有經濟指標中，我選擇觀察利率與匯率的變化，藉此研判長期的多空趨勢。

利率是資金的價格；匯率是貨幣的價格。

當利率接近零時，代表各國都在撒錢，這將導致資金氾濫。也就是熱錢太多，於是投資人手邊的大量資金就會用來炒股、流入股市，或拿去炒房。因此美國聯準會的貨幣政策動向，向來受到投資人高度關注，這不僅與景氣興衰息息相關，對全球股市影響更巨大。

從資金和人心判斷漲跌

德國股神科斯托蘭尼認為獲利佳、前景好的公司，股價不一定會漲；經濟成長不一定會刺激股市。

那麼有什麼是一定的呢？就如同科斯托蘭尼所言，決定所有交易市場價格起伏的，只有兩個變數：一是資金，二是人心。

　　資金多寡由利率來決定，而人心可以透過觀察融資融券變化得知。

≫ 緊縮貨幣才是戳破泡沫的真兇

　　以史為鑑，美國聯準會採取緊縮貨幣政策，才是讓經濟進入長期衰退的最主要原因，可以從下述得證：

❶ 1929年，美國經濟大蕭條──美國聯邦基金利率最高為6%

❷ 2000年，網路泡沫──美國聯邦基金利率最高為6.25%

❸ 2008年，金融海嘯──美國聯邦基金利率最高為5.25%

　　1929年10月24日美國股市下跌，引發華爾街股災，開啟美國經濟大蕭條的序幕，影響擴及全世界。

　　為什麼美國經濟大蕭條長達十幾年？原因在於當時美國聯準會實施緊縮貨幣政策，將美國聯邦基金利率調高至6%，由於當時還是金本位時代[1]，美國聯準會不能隨便印美元，所以美國為救經

1　意指美元的價值，取決於可兌換的黃金有多少。簡單來說，要印美元必須有黃金作為準備。

濟，除了調降利率外，沒有其他方法。

此外，當時又存在著一種現象：一旦美國聯準會印美元，老百姓就會將美元換成黃金。所以美國聯準會持續調降利率後，能夠注入市場的美元非常有限，也限制了美國聯準會拯救銀行流動性危機的能力，無法如之後2008年與2020年疫情一般，祭出QE政策來解救經濟危機。

低利率是解救經濟蕭條的最佳良藥。各位想一想，為什麼會發生經濟大蕭條？原因在於廠商持續倒閉，失業率大幅攀升。那麼廠商為什麼會倒閉？當然是因為經營持續虧損。

接下來，我用最簡單的思維說明「利率」與「廠商是否會倒閉」之間的關係：

❶ 當市場的利率10%，只要廠商賺不到10%，將可能倒閉

❷ 當市場的利率5%，只要廠商賺不到5%，將可能倒閉

❸ 當市場的利率2%，只要廠商賺不到2%，將可能倒閉

影響公司關門的因素相當複雜，利率可能只是其中之一，但利率對經濟的影響深遠，如果再從消費端與企業是否增加資本支出來探討，利率絕對是一個很重要的變數。

》美國的QE政策有何作用

2008年金融海嘯前，2007年美國聯邦基金利率最高為5.25%，從2007年9月美國聯準會第一次降息，一直到2008年12月將利率降到0%至0.25%，總共經過16個月的時間。

2020年疫情發生時，聯邦基金利率1.5%至1.75%，聯準會在2020年3月快速調降6碼（150個基本點），聯邦基金利來到0%至0.25%，且聯準會史無前例地祭出「無限量QE」，也就是承諾無限量買進債券，藉此壓低借貸成本，並制定計畫以確保資金能夠流入企業及各州與地方政府，把介入範圍擴大到公司債與市政債市場。

這是聯準會史無前例推出金額無上限且目標明確的QE措施，兼具「無限QE、定向紓困」兩大功能。

聯準會祭出無限QE，可達到的什麼目的呢？

❶ 可以保持金融市場的流動性

❷ 讓美元指數不再強勢

❸ 讓公債殖利率下降，當股票殖利率遠高於債券時，資金自然就會進入股市

2020年，美國聯準會不但利率降得比2008年快，而且單次調降的幅度更大。除此之外，無限量QE政策更是經濟學者與專業投資人始料未及的政策。

2008年，美國QE政策就讓美國四大股市大幅創下歷史新高，台股指數也一直維持在萬點之上。2020年的無限QE威力，以目前來看，才剛開始逐漸發酵。在資金浪潮推升的全球股市中，未來台股更有相當大的想像空間。

≫ 利率低，股市就容易大漲

投資人看到台股指數持續維持在萬點以上，心裡總是想著：台股接下來的漲幅有限，風險很大。如果從相對數字來看台股指數，這樣謹慎的想法應該是正確的。

從1990年至2017年5月11日之前，台股歷年來只有三次收盤價站上萬點，且台股每次上萬點維持天數都相當短，幾乎每次上萬點後就又快速反轉向下，讓投資人傷痕累累。

其中最具代表性的是1990年2月，創下當時的台股歷史高點——12,682點，此次上萬點的交易日也僅僅維持65天，之後崩盤而下，直到2,485點才止跌，當時國泰金（2882）為股王，股價曾創下1,975元的天價，在大立光（3008）未掛牌之前，一直是投資人津津樂道的一檔個股。

1997年台灣在高科技產業帶動下，台股創下10,256點的高點，但僅維持9個交易日；2000年因網路與資訊科技相關類股股價聯袂大漲，台股在2月攻上10,393點，同樣也僅有11個交易日。所以從相對數字來看，台股指數持續在萬點，風險確實相當大。

2017年5月11日，台股第四次攻上萬點，此波萬點行情已經走了三年多，投資人一定會問：為什麼此波萬點行情會持續這麼久？

原因很簡單，2008年金融海嘯，中國、美國及歐洲各國紛紛實施QE政策，造成全球利率頻創新低，投機性的熱錢到處流竄，尋找投資標的。簡言之，利率低使得資金氾濫，股市就容易大漲。

　　從2009年至今十年來，台股在第四季的指數表現上，除了2011年、2012年及2018年這三年呈現下跌，其餘各年度都是上漲，上漲機率高達七成。

　　2018年，台股第四季指數呈現下跌，除了中美貿易戰加溫之外，最主要原因是市場上預期聯準會將在2018年12月進行升息，當年果真升息，而且連續九次，聯邦基金利率從0.25%調高到2.5%。再次印證，股市漲也是利率，跌也是利率。

》 掌握美國聯邦基金利率高低點，就能掌握買賣時機

　　為什麼美國聯邦理事會要持續調高利率？原因在於經濟持續熱絡，有通貨膨脹之虞，利率持續往上調，到最後一定會讓過熱的經濟泡沫化。如1929年經濟大恐慌、2000年網路泡沫，及2008年金融海嘯皆是如此。

　　但不管是經濟學家、經濟學者或是股市裡的專業人士都一樣，很難（甚至不可能）準確預測到經濟泡沫何時來臨。每次景氣從成長到過熱期間，總有些人持續大喊經濟泡沫即將來臨，全球股市即將崩盤；相對的，也有些人主張經濟與全球股市還是維持穩健成長與上漲。對投資人而言，每天接收不同媒體、不同聲音，是一件相當痛苦的事，所以我在此教投資人如何判斷景氣與股市即將反轉。

　　不妨想一想，當美國聯邦基金的利率位在高點時，為什麼要往下調降？答案很簡單，美國聯準會往下調降利率，就代表美國景氣與股市發生結構性的改變，簡單來說，就是美國景氣與股市發生問題，要往下跌了。所以聯準會第一次降息，代表景氣衰退，投資人應該賣出股票。

　　當美國聯邦基金的利率在高點進行第一次調降，意味著景氣將轉壞，股票應在相對高點賣出。例如：2008年金融海嘯前夕，聯邦基金利率從最高點5.25%，到2007年9月美國聯準會第一次降息4碼來到4.75%時（如**圖2-1**），也是一次賣出時機。

圖2-1 1998年～2020年，美國聯邦基金利率走勢圖

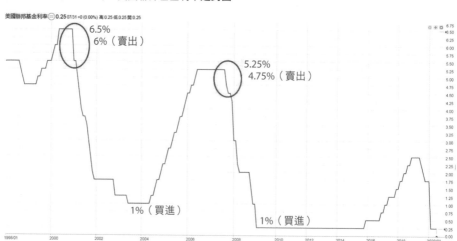

2007年9月，美國聯準會第一次降息時，我開始賣股票，且做空股票。當然，我也都躲過了股市大崩跌的災難。

2000年，全球面臨網路泡沫攻擊，美國聯準會快速降息，將利率從高點6.5%調降至2003年6月1%的低水位。

經過三年的調整，美國經濟逐漸復甦，因此從2004年6月起，聯準會逐步調升利率，到了2006年6月總計升息17次，將聯邦基金利率調高到5.25%。

在聯準會升息的這段過程中，美國經濟持續成長，美股續創新高，這驗證了「聯準會升息，代表景氣正在擴張階段」的說法。

一直等到2007年，美國陸續傳出不動產貸款公司倒閉、房市交易萎縮的消息，民眾的消費能力慢慢縮減，景氣也出現停滯、下滑的現象。因此，美國聯準會於2007年9月開始執行降低利率的政策，這也等於正式宣告景氣已從高峰反轉。

2008年，雷曼兄弟破產，引發全球金融危機後，聯準會更快速降低利率至0%至0.25%的水準。

從2007年9月聯準會第一次降息，到2008年12月將利率降到0%至0.25%，總共降息九次。在這段期間，美國經濟景氣持續下滑，美股也從高點反轉重挫。這也同樣驗證了「聯準會第一次降息，代表景氣衰退」，投資人應該賣出股票。

同樣的思維，當聯準會第一次升息，代表景氣將從衰退轉為復甦，投資人應該買進股票。但根據過去經驗，只要美國聯邦基金的利率來到1%，投資台股都是相對低點。

美國聯邦基金的利率在低點時進行第一次調升，意味著景氣將轉好，股票要趁低買進。

例如：2000年網路泡沫，美國聯準會將利率從高點6.5%，至2003年6月調降到1%的低水位時，台股指數也來到4,612點，雖然本波的最低點是在2001年9月的3,411點，但還是相對買在低點；2008年金融海嘯後，聯邦基金利率從最高點5.25%，調降至2008年10月的1%時，台股指數最低點來到4,110點，雖然11月最低點來到3,955點，但相對最低點相差不到200點。可發現2003年6月和2008年10月，都是買股票的好時機。

從過去資料可知，2000年網路泡沫時，台股指數從2000年2月最高點10,393點，跌至2001年9月最低點3,411點後，展開了向上攻勢。

2008年金融海嘯前，2007年9月聯準會第一次調降利率，台股指數最高點來到9,485點，雖然從2007年10月最高點來到9,859點，但在跌至2008年11月最低點3,955點後，開始一波向上攻擊。在2007年9月之前的四年當中，美國聯邦基金利率只升不降。但就在2007年9月18日，一口氣從5.25%調降50個基準點至4.75%。可以預見一定有大事發生，果然次年發生全球性金融海嘯。雖然海嘯之前，股票仍繼續走高，這再次說明：當利率從高檔調降，趕快走人，絕不戀棧。兩者都與美國聯邦基金利率的調降相互呼應。

≫ 負利率是股市上漲保證

不久之前，有位經濟學家講了一句名言：「如果你的錢放在銀行，你會死無葬身之地！」從那之後，負利率一詞就在各媒體雜誌廣受熱議，也讓依靠利息過活的升斗小民開始擔憂。

「負利率」至少有下列四種不同的含義：

第一種型態的負利率，是指央行對於商業銀行存入的超額準備金等存款，給予負利率。簡單來說，就是銀行與銀行之間的借貸利率為負，這也是央行的貨幣政策工具的一種，目的是將商銀存在央行的資金逼出央行，以此降低企業資金成本，間接使該國貨幣貶值。降低資金成本與貨幣貶值，兩者均有助於經濟景氣回升。

瑞典央行就於2009年7月，將隔夜存款利率降至－0.25%，堪稱全球首次的央行負利率政策；日本銀行在2016年2月19日，民間各銀行存入央行之存款利率由0%降至－0.1%；歐洲央行也於2014年6月將其存款利率降低至－0.1%。

目前聯邦基金利率為0%至0.25%，如果聯邦基金利率持續下降至負利率，就屬於這種型態的負利率。

第二種負利率型態，是央行透過向政府或商業銀行購買證券（如股票、債券和國庫資產等）釋出資金。一般民眾所理解的量化寬鬆，就是加印鈔票，當央行透過印鈔票手段支持整個經濟體運作，往往導致過多的資金追逐有限的投資工具，從而促使股市回春且持續創新高、債市殖利率遽降，使短期債券與長期債券出現殖利率為負值的現象。

第三種負利率型態，是指存款實質利率為負。假設存款人存在銀行一年期的定存利率為1%，這1%就稱為「名目利率」（銀行公告的存放利率或借據上的利率）。1%利率雖低，仍為正數，但因低於通貨膨脹率2%，導致存款實質利率為負利率－1%。換言之，這筆存款的實質購買力被通膨侵蝕。

舉例來說，司馬懿有100元，剛好可以吃一碗牛肉麵，如果司馬懿把100元存入銀行，銀行一年期的定存利率為1%，一年後，司

馬懿可領到的本利和為101元，但通貨膨脹率為2%，一年後，司馬懿需付102元才吃得到一碗牛肉麵。也就是說，存款人所存進的那筆錢，實質購買力被通膨侵蝕掉了。

第四種負利率的型態，就是名目利率為負利率。放眼全球，只有非歐元區的瑞典、丹麥各有一家銀行因歐洲央行給商銀歐元存款負利率，為轉嫁成本給存款戶，對其客戶的歐元存款也給予負利率，這種負利率實際上極為罕見。

總而言之，負利率將有助於股市的上漲，特別是第二、四種型態的負利率，是股市上漲的最佳保證。

》美國公債殖利率利差的影響力

❶ 殖利率曲線的定義與型態

所謂殖利率曲線，是指在同一時間內，不同到期日的公債與殖利率關係，簡單來說，債券殖利率與到期期限之間的關係，所畫出的一條曲線，即為殖利率曲線。正常狀況下，期限越長的債券，不確定性風險越大，投資人會要求較高的殖利率，如**圖2-3**所示。

一般而言，殖利率曲線若是向右往上揚（正斜率），表示長天期公債殖利率高於短天期公債，這代表市場資金是寬鬆的，經濟活

動將持續擴張，如此一來長期會將有物價上漲、通膨的壓力。

　　另一種狀況，殖利率曲線若是向右方往下的態勢（負斜率），俗稱為殖利率倒掛，代表長天期公債殖利率低於短天期公債，這意味著景氣將走向衰退，如**圖2-4**所示。

② 美國公債負斜率（倒掛）的定義與股價的關聯性

　　殖利率曲線倒掛定義為：10年期公債的利率減去2年期公債利率的利差小於0。換句話說，也就是2年期美債利率大於10年期美債利率。當殖利率曲線為負斜率，即為殖利率曲線倒掛，如**圖2-2**所示。

圖2-2 殖利率曲線倒掛示意圖

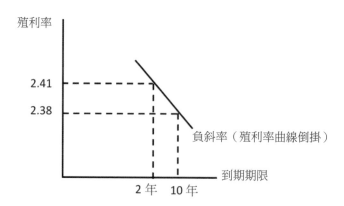

　　美國10年期公債殖利率較受經濟成長與通膨預期影響，常被用來檢視美國未來通膨狀況；而美國2年期公債殖利率（短天期殖利

率）較受央行貨幣政策影響，因此常被拿來預測美國利率決策走向，所以美國2年期公債殖利率與美國聯邦基金利率變化，一直保持相當密切的連動性。

歷史上，美國只發生過四次殖利率曲線倒掛，分別是1930年經濟大蕭條期間、1990年波灣戰爭、2000年初泡沫經濟破滅前，以及最近一次在2006年底。這四次出現殖利率曲線倒掛後，約經歷18個月至24個月，美國經濟才發生由正轉負的大轉折。總之，殖利率曲線倒掛與經濟衰退，不一定有著必然的關係。

重點來了，發生殖利率曲線倒掛的原因有兩種：

- 投資人預期未來景氣將衰退，買進長天期10年期公債避險，造成公債價格上漲，殖利率下跌（債券價格與殖利率呈現反比關係），導致2年期美債利率大於10年期美債的利率。

- 市場資金過於浮濫，資金跑到債券市場，買進長天期10年期公債，造成公債價格上漲，殖利率下跌，一樣會導致2年期美債利率大於10年期美債利率。

回溯過去可以發現：

- 2000年初泡沫經濟破滅前，出現殖利率曲線倒掛，當時美國聯邦基金利率最高6.5%。

- 2006年底出現殖利率曲線倒掛，當時美國聯邦基金的利率高達5.25%。

- 2000年與2006年出現殖利率曲線倒掛，是貨幣政策緊縮，投資人預期未來景氣將衰退而產生倒掛。

也就是說，殖利率曲線倒掛與經濟衰退雖然並非有著必然的關係，但與貨幣政策大幅緊縮絕對有關。

❸ 鬼不會嚇死人，人才會嚇死人

大部分投資人都將美債殖利率曲線倒掛視為景氣衰退的訊號，導致2019年8月14日美股受到美債殖利率曲線倒掛影響，開盤之後一路殺低，收盤道瓊指數再度血崩800點，創下自2018年10月10日以來的最大跌點。

2019年8月14日，美國2年期和10年期公債殖利率曲線倒掛，見**圖2-4**，這次的倒掛並不是美國經濟衰退的警訊，因為當時美國聯準會利率僅在2%至2.25%，貨幣政策屬於寬鬆，是市場資金過於浮濫造成的倒掛，投資人卻誤認為是景氣即將衰退的訊號。

表2-1 2020年7月2日與2019年4月2日美國公債殖利率（%）

美國公債殖利率一覽表							
公債期	1年	2年	3年	5年	7年	10年	20年	30年
2020/07/02	0.16	0.16	0.16	0.19	0.29	0.50	0.68	1.20
2019/04/02	2.45	2.41	2.30	2.26	2.28	2.38	2.48	2.70

圖2-3 2020 年7 月2 日美國公債殖利率（%）

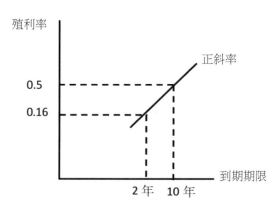

圖2-4 2019 年4 月2 日美國公債殖利率（%）

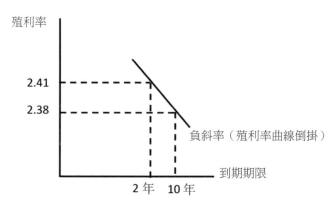

❹ 跟著央行主力走可找到財富

美國10年期公債殖利率為多空關鍵指標。任何投資商品都有個共同特性：只要資金還在，就一定漲，股市也不例外。真正掌握資金的「超級大戶」，正是各國央行。一旦超級大戶跑掉，股市一定跌，所以投資人一定要跑得比超級大戶更快。華爾街有一句名言：「別跟聯準會作對，因為你永遠贏不了！」（You can't fight the Fed）。

美國10年期公債殖利率是全球資金動向的先行指標，簡單地說，美國10年期公債殖利率的升降，可視為資金鬆緊關鍵指標，因此觀察「超級大戶」是否離開市場的關鍵指標，就是美國10年期公債殖利率。

若殖利率站穩3%且長期走升超過六個月，表示債券價格下跌，部分資金可能先由賣掉債券轉到股票市場，此時股市將正式進入牛市末升段，代表「超級大戶」已由股票市場悄悄離開，對整體股票市場而言將是利空。反之，只要殖利率維持3%以下，代表「超級大戶」資金仍駐留股票市場，股債市場不會轉空。

❺ 美德利差的訊號解讀

美德利差＝美國10年期公債殖利率－德國10年期公債殖利率

長天期殖利率反映一國未來景氣變化,而美德利差則代表美國與歐元區兩者的景氣強弱。透過美德利差,會發現美元指數與美德利差存在著一定程度的相關性,當美德利差擴大時,表示美國利率較強,美元指數就可能受到利差的影響而走強。

因此,從歷史走勢來看,每當美德利差反轉向下,通常可視為美國以外的經濟體經濟衰退的先行訊號。

現在美國、歐盟及日本等國都在實施無限量的QE政策,全球股市將有機會大漲。台股指數在台幣匯率的加持下,也有機會創歷史新高,至於有多大的漲幅,投資人不用預設立場。

我常開玩笑:「能夠預測台股指數漲到幾點的人,只有兩種人:一是神棍;二是神經病。」老話一句:股市漲的時候,漲到投資人無法相信,跌的時候,跌到投資人想要自殺。

融資融券與股價的關係

前文提到科斯托蘭尼認為另一個影響變數就是人心,這一點可以透過觀察融資融券變化得證。

一般而言，市場上對融資融券、大盤指數及個股變化的觀察，大約可從下列四種方向說明：

❶ **融資餘額與融券餘額皆增加，且大盤指數上漲：**這代表多空交戰，多頭占上風，行情可能長期偏多；融資餘額增加與融券餘額增加，但大盤指數下跌的話，就代表多空交戰，空頭站上方，大盤指數短期有回檔的壓力。

❷ **融資餘額融券餘額皆減少，大盤指數上漲：**這代表投資者退出市場，大盤指數的上漲只是跌多反彈，視為短多長空；融資餘額減少與融券餘額減少、大盤指數下跌，就代表投資者退出市場，大盤指數持續往下探底，這是最壞的狀況，視為長空。

❸ **融資餘額增加，融券餘額減少，大盤指數上漲：**這是好的現象，代表投資者大都偏多，買盤可能會後繼無力，所以行情通常不會持續太久，投資人必須小心；融資餘額增加與融券餘額減少、大盤指數下跌，就較不樂觀，代表投資者大都偏多，買盤將可能會後繼無力，未來行情有崩跌的可能。

❹ **融資餘額減少，融券餘額增加，大盤指數上漲：**這表示做多的投資者非常謹慎，籌碼穩定，做空的投資者有被軋空

的可能性，大盤將醞釀大漲的行情，後市相當看好；融資餘額減少與融券餘額增加、大盤指數下跌，表示大盤短期內可能急跌，也就是短空。

觀察近期的融資融券的變化，自疫情以來，融資最低曾經來到900億元，見**表2-2**，109年7月3日為1,271億元，增加371億元；融券最低曾來到42萬張，但109年7月3日為81萬張，增加約39萬張，符合上述「融資餘額與融券餘額增加，且大盤指數上漲」的現象，這代表多空交戰，多頭人氣站上方，行情長期偏多的機率大。

表2-2 從融資融券的變化觀察走勢

109年7月3日上市資券餘額					
融　資		融　券		當　沖	
資料日期	增減（億）	餘額（億）	增減（張）	餘額（張）	增減（張）	總數（張）
109/07/03	2.23	1,271.45	20,679	810,643	6,831	20,076
109/07/02	12.37	1,269.22	13,813	789,964	-1,115	13,245
109/07/01	-0.90	1,256.85	2,821	776,151	1,665	14,360
109/06/30	7.86	1,257.75	-8,186	773,350	-2,102	12,695
109/06/29	12.60	1,249.89	-4,087	781,536	1,853	14,797
109/06/24	5.35	1,237.29	-13,377	785,623	-7,961	12,944
109/06/23	3.88	1,231.94	-19,614	799,000	9,250	20,905

圖2-5 融資融券餘額變化圖

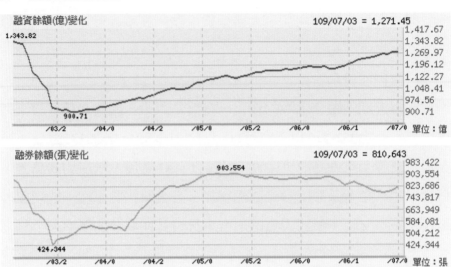

美元指數與台幣匯率

≫ 美元指數升貶值與新興市場的關聯性

　　美元指數（US Dollar Index，簡稱USDX）是綜合反映美元在國際外匯市場的匯率情況的指標，用來衡量美元對一籃子貨幣的匯率變化程度。透過計算美元和被選定貨幣的綜合變化率，來衡量美元的強弱程度。美元指數並不是單純描述美元價格的指數，而是由美元兌歐元、日圓、英鎊、加拿大元、瑞典克朗和瑞士法郎等六個主要國際貨幣的匯率，經過幾何平均加權值後計算而成，是美元基於基數100的相對價值。比如說，美元指數目前為90，這意味著美

元自該指數編製以來下跌了10%；如果美元指數目前為115，這意味著美元自該指數編製以來上漲了15%。

從歷史經驗來看，幾乎每次新興市場爆發的貨幣危機都與美元走強相關。原因在於部分新興經濟體外債負擔沉重，經濟較為脆弱，當美元走強，新興市場會面臨資金不斷外流、債務負擔加重、貨幣貶值等一系列問題。當新興市場爆發貨幣危機，首當其衝就是新興股市大崩盤，所以美元指數波動牽動著全球億萬投資者的神經。

當然，美元指數走強，也代表著美元相對大部分國家貨幣走強，台灣也是新興市場的成員之一，所以投資人必須時時刻刻關心美元指數的變化。

》新台幣與台股間的關係

以歷史經驗來分析，新台幣升值的主因並不是出超（出口大於進口），而是外資資金大幅匯入台灣。由於外資買台股，增加台股資金動能，有利台股走強，因此每當新台幣升值期間，台股大都是上漲居多。在我長期觀察台股與新台幣間的關係下，可得到這樣的結論：一旦新台幣貶破31.5元，將代表外資看壞台股的未來，資金匯出台灣，台股將趨向跌勢。

如何判斷短期多空趨勢：觀察外資在台指期貨未平倉量

要探討台股現貨與期貨之前，先要對這兩個市場有基本了解。

💲 什麼是現貨交易與期貨交易

司馬懿買了一塊麵包30元，在司馬懿付給麵包店老闆30元的同時，老闆給司馬懿一塊麵包，這樣一手交錢一手交貨的動作，稱為「交割」。實務上，當買賣契約成立後，在兩個營業日以內交割的交易就稱為「現貨交易」，例如司馬懿於7月8日（星期三）以30萬元買進一張台積電的股票，交割日期只要在7月10日（星期五）之前，都稱為現貨交易。

相對的，若超過兩個營業日交割，且商品又具有規格化，就稱為期貨。舉例來說，假如個股期貨成交後，交割日訂在每個月第三個星期三，那麼交割時間便不受「兩個營業日」的限制。而所謂規格化，以個股期貨來說，買一口就是買兩張股票，買二口就是買四張股票，其規格化就是以一口（兩張股票）為單位，不像現貨可以買一張或三張股票。

什麼是「未平倉量」呢？就是市場上未沖銷掉之多頭或空頭部位的單邊數量。舉例來說，若市場上只有A、B兩位交易人，A買入一口台指期貨（持有多單部位），B賣出一口台指期貨（持有空單部位），則此時市場上之未平倉量為一口，而非二口。因此：

多單位平倉量＝空單未平倉量＝總未平倉量

外資在台股期貨的操作策略

外資在台股現貨與期貨的操作策略，往往以現貨作為操作工具，但真正的勝負取決於期貨。外資在期現貨的操作策略如下：

❶ 當台股指數在相對低檔時，外資往往在現貨持續賣股票，但卻在期貨站在買方布局多單；當外資判斷台股將有機會展開波段行情時，外資在現貨將開始買股票，而此時台股指數還是在相對低點的位置，外資在期貨將持續布局多單部位。

❷ 當台股指數來到相對高檔區時，外資將在現貨持續買股票，一般而言將大幅買超，並持續發布利多消息，吸引散戶瘋狂進場買進。此時台股指數或股價持續上演噴出行情，外資就開始在期貨由買轉賣，最後將轉成淨空單。

　　因此，觀察期貨未平倉量的最大目的，就是透過未平倉量數據變化，判斷行情延續的動力，或可能反轉的跡象。投資者必須時常注意外資、投信與證券自營商等三大法人在台指期貨未平倉量的動向，作為研判短期趨勢。

　　台指期未平倉有下列四個觀察原則：

❶ 所有留倉的對象都持多單，一致看多。

❷ 所有留倉的對象都持空單，一致看空。

❸ 所有留倉的對象持單有多有空，看法分歧，盤勢容易震盪。

❹ 往結算日靠近時的多單或空單持續增加，也可看出方向。

　　根據以上說明，以下就來看看實際案例吧。請見**表2-3**：

表2-3 2020年7月15日期貨契約（8月分期貨）

單位：口數；百萬元

		交易口數與契約金額					
		多方		空方		多空淨額	
	身分別	口數	契約金額	口數	契約金額	口數	契約金額
台	自營商	20,027	48,841,091	20,384	49,724,479	-357	-883,388
股期貨	投信	346	840,368	209	507,500	137	332,868
	外資	79,473	193,313,263	80,568	196,049,497	-1,095	-2,736,234
		未平倉餘額					
		多方		空方		多空淨額	
	身分別	口數	契約金額	口數	契約金額	口數	契約金額
台	自營商	15,027	36,234,488	7,364	17,733,206	7,663	18,501,282
股期貨	投信	4,696	11,349,293	35,278	85,259,870	-30,582	-73,910,577
	外資	51,459	124,360,427	23,953	57,863,298	27,506	66,497,129

資料來源：台灣期貨交易所

　　如**表2-3**所示，7月15日當天期貨交易中，自營商淨空單－357口，投信淨多單137口，外資淨空單－1,095口。累積8月分期貨交易自營商淨多單7,663口，投信淨空單－30,582口，外資淨多單27,506口。三大法人8月分在期貨交易上，投信為淨空單，但自營商與外資皆為淨多單，以未平倉多空方向來看，三大法人看法分歧，但以外資的淨多單加上自營商淨多單減掉投信淨空單來看，淨多單留有4,587口，所以還是偏多方。

　　一般在觀察三大法人的多空動向時，最重要的還是外資，以外資的未平倉多空淨額作為判斷多空方向，較有參考價值。

≫ 外資在期貨的淨空單往2萬口運行，為轉空的訊號

　　如同**表2-4**所示，從2007年以來，外資在台指期未平倉淨空單超過2萬口，後續現貨指數都將呈現大幅度的下跌走勢，2015年5月14日為該波段淨空單最高，現貨波段跌幅更超過2,800點，所以投資人只要觀察外資在期貨的淨空單往2萬口運行，就應該賣掉或減碼現貨部位。

表2-4 外資淨空單超過2萬口，台股大盤指數變化

該波段淨空單 最高的日期	口數	大盤指數 最高點	大盤指數 最低點	修正至 低點天數	漲跌點
2007/07/27	-25,110	9807	7987	17	-1820
2010/01/25	-20,940	8395	7080	15	-1315
2011/02/10	-26,440	9220	8070	25	-1150
2011/08/04	-25,045	8819	7148	10	-1671
2014/10/06	-33,866	9122	8501	8	-621
2015/05/14	-22,830	10014	7203	82	-2811

資料來源：台灣期交所、Cmoney

　　2011年2月10日，外資在該波段淨空單最高達26,440口，**圖2-4**為該波段台股現貨的下跌走勢圖。

圖2-6 台股指數走勢圖

資料來源：凱基大三元

以公司基本面作為選股的依據：教你輕鬆透視財務狀況

 如何解讀財務報表

在大學與社大教股票投資超過十五年，時常有學生問我：「老師，我不是商科畢業，沒有學過會計，要怎麼樣在短時間內看懂財報？」這個問題困擾我好幾年，經過多年的教學經驗與多方思考，終於突破這樣的難題，自創最簡單快速看懂財報的方法，也就是本章節要跟大家分享的技巧。

投資人應該每隔一段期間，就會聽到上市櫃公司將在某時間內公告季報或年報。季報與年報的主要內容究竟是什麼？

季報與年報主要內容是由資產負債表、損益表、現金流量表、股東權益變動表這四大報表所組成。要在短期間內最有效率地了解公司基本面的話，以我多年教學經驗來看，可以從損益表中的毛利率、營業利益率及稅前淨利率三者的關係，以及現金流量表中的營業現金流量、投資現金流量及融資現金流量這三部分關係開始觀察。如此一來，就可以掌握一家公司創造損益的方式與現金流向、損益是否相互吻合。

大盤的基本面是GDP，個股的基本面是EPS

股神巴菲特曾說：「退潮時，才知道誰在裸泳。」用來比喻股市衰退時，那些財務槓桿過高、沒有基本面作為支撐股價的公司才會現出原形，這說明沒有每股盈餘堆積上來的股價，容易形成泡沫，所以對投資人而言，看懂及應用財務報表是重要的基本功。

投資人一定會抗議：「財務報表那麼複雜，讀懂財務報表不是件容易的事。」確實如此，所以以下會將財報內容化繁為簡，讓沒有學過報表的投資人也能輕鬆掌握公司的財報狀況。

退潮時，才知道誰在裸泳。看懂財務報表，
就能提前抓出容易泡沫化的個股。

閱讀公司的財務資訊時，一般需要了解這四大報表：

❶ 損益表

❷ 現金流量表

❸ 資產負債表

❹ 股東權益變動表

每一張財務報表，都各有特色與需要表達的重點。學習閱讀財務報表時，可按照以下步驟掌握這家公司的財務狀況。

≫ 損益表：判斷公司是否賺錢

要了解一家公司經營狀況的好壞，當然是先看看這家公司是否賺錢、賺了多少錢。所以，我們可以先透過損益表了解。簡單地說，就是要看看公司的每股盈餘（EPS）到底有多少。

若公司有賺錢，可以再從損益表了解公司賺錢的主要來源是本業收益或業外收益。業外收益又可分為一次性的業外收益或經常性的業外收益。

❶ 一次性的業外收益，本益比只能算一倍

一次性的業外收益，包括賣掉土地或廠房設備的收益，或是變賣轉投資公司的股票所獲得的利益，又或是保險理賠金的入帳。

如果因業外收益而讓公司每股盈餘大幅成長，甚至高於往年每股盈餘的好幾倍，此時可不要被大幅成長的每股盈餘沖昏頭了。估算公司合理股價時，業外收益的本益比只能用一倍估算。

例如：A公司今年每股盈餘為10元，其中本業每股盈餘為3元，業外每股盈餘為7元，如果給A公司的本益比為12倍，投資人不能以120元（10元×12倍）作為A公司合理的股價，而需將本業與業外分別以不同的本益比估算，在本業方面可以以12倍本益比估算，估算出合理股價為36元（3元×12倍），在業外方面只能以一倍本益比估算，估算出合理股價為7元（7元×1倍），因此A公司合理股價應為43元（36元＋7元），而不是120元。

❷ 經常性的業外收入，可用本業收入的本益比估算

另一種經常性的業外收入，即為長期而穩定的收入，例如：泰山（1218）持有全家便利商店超過兩成的股權，全家（5903）每年可穩定挹注泰山2億多元的獲利。

≫ 現金流量表：公司是否有足夠的現金

公司有獲利，卻發生資金周轉不靈而宣告倒閉的狀況，一般稱為黑字倒閉。投資人可以從現金流量表確認一間公司來自本業的獲利。一般而言，有獲利的公司，可用的現金應該是充足的。

≫ 資產負債表：公司有獲利，但現金不足

公司有獲利，但如果現金不足，原因極可能藏在資產負債表中的應收款項，因為公司應收款項太多，就可能讓有獲利的公司產生周轉不靈的狀況。應收款項出現龐大的數額，極有可能是公司塞貨給客戶，銷貨可能造假。之後將以博達科技為例，說明這樣的狀況。這類型的公司會製造假銷貨，讓本業獲利，卻無現金流入。

≫ 股東權益變動表：公司對股東好不好

如果一家公司本業的獲利狀況很好，現金流量狀況也很好，接下來就要看看這家公司的股東權益變動表，了解公司歷年配發給股東的股票股利或現金股利，換算殖利率高不高。當然有些公司的每股盈餘很高，可是股利發放率卻不高，甚至很低。這時候就必須了解為何公司要留下這麼多盈餘。

　　或許是因為公司將增加資本支出，也就是要擴充廠房或添購機器設備；或許在可預期的未來，將有垂直整合或水平整合的規畫，也就是要購併其他公司。從長遠來看，這些動作都可解讀為利多。

從毛利率、營業利益率及稅前淨利率評估財務狀況

　　營業收入確實是影響公司淨利的關鍵因素，但卻不是唯一因素。要衡量一家公司有沒有賺錢，除了看營業收入外，還需計算各項成本及費用占營收多少比率，才能精確算出公司到底賺多少錢。投資人可以從損益表了解營業毛利（毛利率）、營業利益率及稅前淨利率這三個利潤率的關係。

　　首先，要了解毛利率與營業利益率的關聯性。毛利率可以作為判斷一家公司產品競爭力的好壞指標；營業利益率則可以用來判斷公司本業賺了多少錢。有些公司會有轉投資、賣土地、廠房等收入，這些皆稱為業外獲利，都只有當期的獲利，次年就不一定有這些獲利。

》 高毛利率公司代表的意義

　　毛利率指的是營業收入扣掉營業成本，計算公式如下：

毛利率＝（營業收入－營業成本）÷營業收入×100%

例如，一杯珍珠奶茶賣100元（營業收入），扣除材料、包裝、進貨成本等共計60元的成本（營業成本）後，毛利率即為（100－60）÷100×100%＝40%。

毛利率越高，代表企業「創造附加價值」的能力越高，附加價值可能來自公司的授權金、權利金、技術專利優勢、取得特許執照、品牌價值、獨門且單價高的產品等，常見的代表性個股如下：

高毛利來自授權金：例如力旺（3529）及M31（6643）都是純IP矽智財廠公司，營收以授權金為主，毛利率才會高達100%，如**表2-6**與**表2-7**。

表2-6 力旺（3529）基本面分析表

獲利能力(109第2季)		最新四季每股盈餘		最近四年每股盈餘	
營業毛利率	100.00%	109第2季	2.28元	108年	7.30元
營業利益率	46.28%	109第1季	2.38元	107年	8.13元
稅前淨利率	46.95%	108第4季	1.75元	106年	7.90元
資產報酬率	7.17%	108第3季	1.62元	105年	7.06元
股東權益報酬率	9.93%	每股淨值：		20.61元	

資料來源：奇摩（Yahoo）股市

表2-7 M31（6643）基本面分析表

獲利能力(109第2季)		最新四季每股盈餘		最近四年每股盈餘	
營業毛利率	100.00%	109第2季	2.07元	108年	9.90元
營業利益率	41.84%	109第1季	1.90元	107年	9.77元
稅前淨利率	35.01%	108第4季	2.91元	106年	6.51元
資產報酬率	3.82%	108第3季	3.72元	105年	6.35元
股東權益報酬率	4.66%	每股淨值：		41.22元	

資料來源：奇摩（Yahoo）股市

高毛利來自權利金：例如新藥廠台微體（4152）與浩鼎公司，營收以權利金為主，毛利率才會高達100%，如**表2-8**。

表2-8 台微體（4152）基本面分析表

獲利能力(109第2季)		最新四季每股盈餘		最近四年每股盈餘	
營業毛利率	100.00%	109第2季	-1.67元	108年	-7.76元
營業利益率	-464.97%	109第1季	-1.67元	107年	-7.06元
稅前淨利率	-509.84%	108第4季	-2.81元	106年	-8.06元
資產報酬率	-5.87%	108第3季	-1.71元	105年	-6.51元
股東權益報酬率	-6.33%	每股淨值：		23.98元	

高毛利來自技術專利優勢：例如台積電（2330）與大立光（3008）。台積電（2330）109年第一季的毛利率高達51.77%，如**表2-12**；大立光（3008）109年第一季的毛利率高達69.92%，如**表2-9**。

表2-9 大立光（3008）基本面分析表

獲利能力(109第1季)		最新四季每股盈餘		最近四年每股盈餘	
營業毛利率	69.92%	109第1季	50.10元	108年	210.70元
營業利益率	59.46%	108第4季	60.33元	107年	99.99元
稅前淨利率	62.60%	108第3季	63.85元	106年	99.99元
資產報酬率	4.24%	108第2季	48.84元	105年	99.99元
股東權益報酬率	5.18%	每股淨值：		992.57元	

資料來源：奇摩（Yahoo）股市

高毛利來自取得特許執照：例如取得中國第一張全外資的汽車金融業務執照的裕融（9941），以及取得醫療廢棄物焚化處理許可的日友（8341）。日友109年第一季的毛利率高達61.26%，如**表2-10**。

表2-10 日友（8341）基本面分析表

獲利能力(109第1季)		最新四季每股盈餘		最近四年每股盈餘	
營業毛利率	61.26%	109第1季	2.05元	108年	8.91元
營業利益率	44.60%	108第4季	2.38元	107年	7.38元
稅前淨利率	45.09%	108第3季	2.55元	106年	7.03元
資產報酬率	3.92%	108第2季	2.44元	105年	5.50元
股東權益報酬率	7.28%	每股淨值：		29.16元	

資料來源：奇摩（Yahoo）股市

高毛利來自獨門且單價高的產品：例如中華精測（6510）擁有全球晶圓檢測解決方案的頂尖技術，其109年第一季的毛利率高達52.59%，如**表2-11**。

表2-11 中華精測（6510）基本面分析表

獲利能力(109第1季)		最新四季每股盈餘		最近四年每股盈餘	
營業毛利率	52.59%	109第1季	5.46元	108年	19.07元
營業利益率	24.23%	108第4季	5.05元	107年	21.84元
稅前淨利率	25.16%	108第3季	7.55元	106年	23.51元
資產報酬率	2.29%	108第2季	3.59元	105年	20.04元
股東權益報酬率	2.74%	每股淨值：		201.98元	

資料來源：奇摩（Yahoo）股市

≫ 公司營業利益率正數與負數代表的意義

營業利益率，也可以簡稱營益率，計算公式如下：

營業利益率＝營業利益／營業收入×100%

營業利益，則是指營業毛利扣掉營業費用，簡單公式如下：

營業利益＝（營業收入－營業成本－營業費用）

營業費用包含了推銷費用、管理費用、研究發展等費用，當營業利益率為正數時，代表該公司本業有賺錢，例如台積電（2330）109年第一季營業利益率為41.38%，如**表2-12**。

表2-12 台積電（2330）基本面分析表

獲利能力(109第1季)		最新四季每股盈餘		最近四年每股盈餘	
營業毛利率	51.77%	109第1季	4.51元	108年	13.32元
營業利益率	41.38%	108第4季	4.47元	107年	13.54元
稅前淨利率	42.55%	108第3季	3.90元	106年	13.23元
資產報酬率	5.10%	108第2季	2.57元	105年	12.89元
股東權益報酬率	7.10%	每股淨值：		64.64元	

資料來源：奇摩（Yahoo）股市

當營業利益率為負數時，意表該公司本業是賠錢，例如晶電（2448）109年第一季營業利益率為－36.62%，如**表2-13**。

表2-13 晶電（2448）基本面分析表

獲利能力(109第1季)		最新四季每股盈餘		最近四年每股盈餘	
營業毛利率	-0.06%	109第1季	-1.38元	108年	-3.48元
營業利益率	-36.62%	108第4季	-1.14元	107年	-0.42元
稅前淨利率	-47.40%	108第3季	-0.79元	106年	1.55元
資產報酬率	-2.64%	108第2季	-0.52元	105年	-3.33元
股東權益報酬率	-3.37%	每股淨值：		40.63元	

資料來源：奇摩(Yahoo)股市

≫ 低營業毛利率且低營業利益率公司代表的意義

營業毛利率與營業利益率兩者皆低之下，每股盈餘卻高，則代表該公司營業收入相當大，才能創造出高EPS。簡單來說，就是薄

利多銷，例如鴻海（2317）108全年營業毛利率僅有5.91%，營業利益率也僅有2.15%，108年EPS卻高達8.32元，如**表2-14**。

表2-14 鴻海（2317）基本面分析表

獲利能力(108全年)		最新四季每股盈餘		最近四年每股盈餘	
營業毛利率	5.91%	109第1季	0.15元	108年	8.32元
營業利益率	2.15%	108第4季	3.45元	107年	8.03元
稅前淨利率	3.06%	108第3季	2.21元	106年	8.01元
資產報酬率	0.38%	108第2季	1.23元	105年	8.60元
股東權益報酬率	0.16%	每股淨值：		87.45元	

資料來源：奇摩（Yahoo）股市

≫ 公司營業利益率與稅前淨利率差值代表的意義

稅前淨利＝營業利益＋營業外收益－營業外支出

稅前淨利率＝稅前淨利÷營業收入×100%

公司營業利益率與稅前淨利率，此兩者常存在著金額不大的利息費用，所以營業利益率應會略微大於稅前淨利率。

該公司沒有處分廠房設備、股票利益及保險理賠金等一次性的業外收益，以及長期轉投資其他上市櫃公司所獲得的經常性業外收入。但如果稅前淨利率大幅高於營業利益率，代表該公司具有業外

收入，例如：泰山（1218）轉投資全家（5903）小金雞，持有全家20%以上股權，全家每年可穩定挹注泰山約2億多元的業外獲利，由於為每年穩定的業外收入，所以可作為泰山經常性的業外收入。如下表所示，泰山109年第一季的營業利益率僅4.12%，稅前淨利率卻高達7.72%。兩者差3.60%的部分，大都來自全家對泰山貢獻的經常性業外收入，如**表2-15**。

表2-15　泰山（1218）基本面分析表

獲利能力(109第1季)		最新四季每股盈餘		最近四年每股盈餘	
營業毛利率	18.10%	109第1季	0.26元	108年	1.20元
營業利益率	4.12%	108第4季	0.15元	107年	0.98元
稅前淨利率	7.72%	108第3季	0.54元	106年	0.93元
資產報酬率	1.47%	108第2季	0.28元	105年	0.36元
股東權益報酬率	1.90%	每股淨值：		13.81元	

資料來源：奇摩（Yahoo）股市

此外，也要留意處分子公司股票的一次性業外收益，例如聲寶（1604）108年第二季認列處分台中潭子倉庫土地資產獲利3.62億元挹注，加上認列轉投資瑞智（4532）1.21億元獲利，108年上半年EPS從去年0.73元倍增至1.62元。現在營業利益率僅5.19%，稅前淨利率卻高達25.93%，如**表2-16**。

表2-16 聲寶（1604）基本面分析表

獲利能力(108第2季)		最新四季每股盈餘		最近四年每股盈餘	
營業毛利率	14.28%	109第1季	0.32元	108年	2.00元
營業利益率	5.19%	108第4季	0.04元	107年	1.52元
稅前淨利率	25.93%	108第3季	0.35元	106年	0.67元
資產報酬率	1.09%	108第2季	1.34元	105年	1.65元
股東權益報酬率	1.90%	每股淨值：		17.37元	

資料來源：奇摩（Yahoo）股市

≫ 毛利率為負值的意義

當毛利率為負數時，就表示該公司營業收入越多，虧損越多，例如兆遠（4944）109年第一季營業毛利率為－45.84%，這代表公司生產越多，虧損也就越多，如**表2-17**。

表2-17 兆遠（4944）基本面分析表

獲利能力(109第1季)		最新四季每股盈餘		最近四年每股盈餘	
營業毛利率	-45.84%	109第1季	-0.22元	108年	-3.94元
營業利益率	-75.50%	108第4季	-2.17元	107年	-2.75元
稅前淨利率	-54.36%	108第3季	-0.47元	106年	-2.96元
資產報酬率	-1.60%	108第2季	-0.51元	105年	-3.48元
股東權益報酬率	-6.73%	每股淨值：		3.08元	

資料來源：奇摩（Yahoo）股市

≫ 毛利率正數，但營業利益率為負數的意義

　　毛利原該是正數，營業利益率卻變為負數，則代表本業虧損，一般可歸納的原因有以下兩個：

● **公司的營業收入無法支應管銷費用與研究發展費用，所以必須增加營收才能獲利。** 例如喬山（1736）109年第一季營業毛利率高達47.13%，但營業利益率卻為－3.72%，最主要的原因在於喬山所生產的健身器材淡季為第一季與第二季，營收往往無法達到可獲利的規模經濟，所以時常可以發現該公司第一季與第二季營業利益率為負數，也代表本業是虧損，主要原因就出在該公司的營收未達賺錢的規模，只要營業收入較大幅度地增加，該公司的EPS也將大幅增加。因此第三季與第四季為該公司的旺季，特別是第四季營業收入都大幅成長，該公司才轉虧為盈，如**表2-18**與**表2-19**。

表2-18　喬山（1736）基本面分析表

獲利能力(109第1季)		最新四季每股盈餘		最近四年每股盈餘	
營業毛利率	47.13%	109第1季	-0.83元	108年	4.26元
營業利益率	-3.72%	108第4季	2.32元	107年	1.29元
稅前淨利率	-5.12%	108第3季	1.12元	106年	0.43元
資產報酬率	-0.70%	108第2季	0.73元	105年	2.36元
股東權益報酬率	-2.55%	每股淨值：		28.78元	

資料來源：奇摩（Yahoo）股市

表2-19 喬山（1736）105年第1季至109年第一季營業收入

單位：百萬元

季別	營業收入	稅前淨利	稅後淨利	稅後每股盈餘(元)
109年第一季	5,535	-283	-252	-0.83
108年第四季	8,261	826	704	2.32
108年第三季	6,160	439	341	1.12
108年第二季	5,615	288	222	0.73
108年第一季	5,337	65	26	0.09
107年第四季	7,348	401	541	1.78
107年第三季	5,408	247	191	0.63
107年第二季	4,516	-165	-146	-0.48
107年第一季	4,485	-190	-196	-0.65
106年第四季	6,360	460	340	1.12
106年第三季	4,648	82	68	0.23
106年第二季	4,047	-262	-219	-0.72
106年第一季	4,440	-54	-59	-0.20
105年第四季	6,342	756	568	1.87
105年第三季	5,129	190	163	0.54
105年第二季	4,280	132	44	0.14
105年第一季	4,413	-75	-59	-0.19

資料來源：凱基大三元

- **管銷費用過大。**例如網家（8044）107年營收345.95億元，創下歷年新高，但在獲利部分卻增加了推銷費用，使財報的營業費用增加，導致107年第三季EPS為－1.62元。如**表2-20**所示，107年第三季營業毛利率12.55%，但在與蝦皮的競爭下，大量增加推銷費用，導致營業利益率為－3.52%，如**表2-20**。

表2-20 網家（8044）基本面分析表

獲利能力(107第3季)		最新四季每股盈餘		最近四年每股盈餘	
營業毛利率	12.55%	107第3季	-1.62元	106年	0.31元
營業利益率	-3.52%	107第2季	-2.75元	105年	6.94元
稅前淨利率	-3.58%	107第1季	-4.03元	104年	8.24元
資產報酬率	-2.50%	106第4季	-2.47元	103年	7.82元
股東權益報酬率	-8.56%	每股淨值：		27.77元	

資料來源：奇摩（Yahoo）股市

›› 每股淨值

　　每股淨值是指一家公司倒閉清算後，持有該公司股票的股東每一股可分配到的金額，例如凌巨（8105）的淨值為17.78 元，表示凌巨倒閉清算後，持有凌巨股票的股東每一股可分配到17.78 元。資產負債表基本上分成三部分：總資產、負債及股東權益。股東權益也稱淨值，所以公司的資產減掉負債，剩餘的價值就是淨值，而將淨值除以在外流通的普通股數，就是每股淨值。

　　例如有家公司的普通股數為1,000股，總資產100,000元，負債60,000元，淨值是100,000－60,000＝40,000元，每股淨值就是40000元／1000股＝40元／股。

　　淨值是一家公司的基本價值，若股價長期低於淨值，代表公司基本價值沒得到市場投資人的認同，表示公司可能經營有問題，或

財務結構與前景有疑慮。

　　舉例來說，109年凌巨（8105）第一季的淨值為17.78元，109年2月27日卻僅有9.9元。一般而言，個股的股價應該高於每股淨值，所以類似凌巨這種股價低於每股淨值的個股，絕非良好投資標的，更不能長期投資，請見**表2-21**。

表2-21 凌巨（8105）基本面分析表

獲利能力(109第1季)		最新四季每股盈餘		最近四年每股盈餘	
營業毛利率	0.77%	109第1季	-0.43元	108年	-0.45元
營業利益率	-14.09%	108第4季	-2.09元	107年	-0.30元
稅前淨利率	-11.72%	108第3季	0.14元	106年	1.37元
資產報酬率	-1.57%	108第2季	1.86元	105年	1.43元
股東權益報率	-2.36%	每股淨值：		17.78元	

　　我曾經在上課的時候與學生開玩笑：如果買到類似凌巨這種股價低於每股淨值的個股，我們可以租遊覽車，從台灣最南端的土地公廟——鵝鑾鼻保安宮開始參拜，一直拜到北海岸的十八王公廟，希望公司能夠倒閉清算。因為果真倒閉清算的話，持有該股的投資人一股可以拿回17.78元，如此一來，持有一張就可以賺進7,880元〔（17.78－9.9）×1000股〕。

用現金流量表了解公司是否有能力配股利

所謂現金流量表，是表達公司當期現金實際流進流出的報表。簡單來說，現金流量表可以讓投資人了解公司的「錢」實際流動的狀況。這裡的「錢」就是真正現金，不包含應收帳款、應收票據、應付帳款及應付票據等收入。

完整的現金流量表包含三部分：營業現金流量、投資現金流量及融資現金流量。由於現金流量表內容相當複雜，一般人可以不必理解得太過詳細，只要看公司在這三項的現金流量是流入或流出，跟著檢視現金流量總數並配合損益表，就可以清楚掌握一家公司的來龍去脈。

》營業現金流量的觀念

舉例來說，司馬懿在台中市逢甲商圈開了一家牛肉麵店，牛肉麵店經營規則如下：

❶ 顧客來店買牛肉麵，即為真正收進來的現金

❷ 買進煮牛肉麵材料，即為真正花出去的現金

那麼，營業現金流量就是：真正收進來的現金，扣掉真正花出去的現金。營業現金流量能夠顯示「牛肉麵店在本業上賺錢或虧損的現金流向」。換言之，當牛肉麵店賺錢時，就是營業現金流量的現金流入，以正值表示；當牛肉麵店虧錢時，就是營業現金流量的現金流出，以負值表示。

≫ 投資現金流量的觀念

司馬懿牛肉麵生意興隆，也賺了不少錢，所以他決定在台中市一中商圈展店，展店需買店面、裝潢及添購桌椅等，此時司馬懿將有現金支出（流出）；但經過一段期間，牛肉麵的生意不好，司馬懿決定關店，且賣出店面及桌椅，此時司馬懿將有現金收入（流入）。

上面兩種行為，在投資現金流量表上的呈現方式如下：

當司馬懿展店，買進店面、裝潢及桌椅時，就是投資現金流量的現金流出，以負值表示；當司馬懿關店，賣出店面及桌椅時，就是投資現金流量的現金流入，以正值表示。

≫ 融資現金流量的觀念

當公司營運現金或投資現金不足時，公司就必須向他人借錢，此時公司將有現金收入（流入）。當公司還錢，或是賺錢後配現金股息給股東，此時公司將有現金支出（流出）。

而借錢及還錢的行為就會被記錄在融資現金流量表上：

當公司向他人借錢時，就是融資現金流量的現金流入，以正值表示；當公司還錢給他人時，就是融資現金流量的現金流出，以負值表示。

所以在閱讀所有現金流量表時，正數就代表公司收到了錢，負數就代表公司花了錢。

≫ 淨現金流量的意義

淨現金流量，最能夠直接反映公司在某段時間內的錢到底是流進來多，還是流出去多。正值就代表流進來多；負值就代表流出去多。算式如下：

淨現金流量＝營業現金流量－投資現金流量＋融資現金流量

投資人必須有正確觀念，並不是錢流進來的就一定好，而是要徹底了解錢到底從哪裡來。

≫ 自由現金流量的意義

觀察現金流量表，要留意營業現金流量與投資現金流量的關係。要確定一家公司是否穩健，不只是看負債比率，更要看自由現金流量。自由現金流量的計算公式如下：

自由現金流量＝營業現金流量＋投資現金流量

營業現金流入，就是公司靠「本業」所賺進的錢；而投資現金流出，則是公司在資本支出上所花費的錢。也就是說，公司從營運中賺到的現金，扣除廠房設備等投資支出和稅金後，剩下可以自由支配的現金，並不包含向外借錢或跟股東要錢的部分。因此：

❶ 自由現金流量為「正值」，代表該公司「有」能力發放股利。

❷ 自由現金流量為「負值」，代表該公司「沒」能力發放股利。

當自由現金流量保持正值時，才能不影響公司正常營運，發放現金股利回饋股東。

如果自由現金流量為負且持續很久，代表公司仍處於燒錢階段，也就表示投資失敗，沒辦法回收資金，營運風險性就相對提高。因此，如果長期自由現金流量呈現負數的公司，在短期內還發放高現金股息，來源應該是短期舉債而來的資金。

≫ 成長型的好公司

一般來說，如果營業現金流量為正值（流入），投資活動現金流量為負值（流出），代表公司不但真正賺到現金，而且用賺到的錢購買新設備、蓋新廠房，為了日後能賺更多的錢，也就是資本支出持續上升。例如台積電（2330）每年公布資本支出高於前一年時，市場就會給正面的解讀，表示這是一家成長型的好企業。

❶ 營運現金流量是正值 → 代表公司本業賺錢

❷ 投資現金流量是負值 → 不僅賺錢，而且正在擴大公司規模，有機會賺更多錢回饋股東

表2-22顯示，台積電從民國104年至108年現金流量表的營業現

金流量為正值（流入），投資活動現金流量為負值（流出），且自由現金流量為正值。這說明了，即使是像台積電這樣成熟的公司，還是需要不斷投入資本，目的就在於維持競爭力，並確保有能力發放股利。

表2-22 台積電（2330）民國104年至108年現金流量表

年度	營業現金流量	投資現金流量	融資現金流量	自由現金流	淨現金流
108	615,138,744	-580,801,647	-269,638,166	156,337,097	-113,301,069
107	573,954,308	-314,268,908	-245,124,791	259,685,400	14,560,609
106	585,318,167	-336,164,903	-215,697,629	249,153,264	33,455,635
105	539,834,592	-395,439,680	-157,800,197	144,394,912	-13,405,285
104	529,879,348	-217,245,837	-116,734,029	312,633,601	195,899,572

≫ 衰退型的公司

如果報表呈現「營業現金流量為負值（流出），投資活動現金流量為正值（流入）」，那麼縱使損益表顯示為獲利，仍然可以判斷公司本業並沒有賺錢，而是靠變賣廠房、機器設備等流入現金苦撐。這種公司本業獲利不佳，且缺乏未來性，當然就不宜作為投資標的。

❶ 營運現金流量是負值 → 代表公司本業虧錢

❷ 投資現金流量是正值 → 靠著變賣公司廠房設備來賺錢

　　舉例來說，從宏達電（2498）104年至108年現金流量表可知，105年至108年相繼處分廠房設備，在107年第一季受惠與Google交易在首季正式入帳，帶動宏達電首季營業外收益達316億元，所得稅費用53億元，業外收益挹注首季轉盈，稅後純益211億元。透過損益表，可看出本業虧損、業外收益挹注首季轉盈的現象；透過現金流量表，可看出營業活動現金流量為負值（流出）、投資活動現金流量為正值（流入）的現象，如**表2-23**。

表2-23　宏達電（2498）民國104 年至108 年現金流量表

年度	營業現金流	投資現金流	融資現金流	自由現金流	淨現金流
108	-9,170,048	13,731,441	-255,030	4,561,393	4,306,363
107	-9,495,824	23,187,646	152,294	13,691,822	13,844,116
106	-19,009,447	183,401	-15,880	-18,826,046	-18,841,926
105	-9,619,512	6,421,941	-444,922	-3,197,571	-3,642,493
104	-13,052,483	-6,496,769	-528,662	-19,549,252	-20,077,914

» 燒錢型的公司

　　國光生（4142）104年至108年現金流量表中，自由現金流量持續為負值，代表公司仍處於燒錢階段，公司持續投資的金額，還沒辦法把資金回收，營運風險性就相對提高。融資現金流量除了106年為負值外，其他年度皆為正值，顯示公司投資的資金來自舉債。因此，如果長期自由現金流量呈現負數的公司，短期還發放高現金股息，其來源就應該是短期舉債的資金，如**表2-24**。

表2-24 國光生（4142）104 年至108 年現金流量表

年度	營業現金流	投資現金流	融資現金流	自由現金流	淨現金流
108	-261,703	-627,169	1,315,423	-888,872	426,551
107	-601,740	-497,773	491,884	-1,099,513	-607,629
106	6,874	-98,481	-343,799	-91,607	-435,406
105	-773,530	-443,334	1,944,730	-1,126,864	727,866
104	-373,817	-11,924	319,087	-385,731	-66,654

≫ 以博達科技為例，說明損益表與現金流量關係

在2000年生產砷化鎵的博達科技（以下簡稱博達），曾是投資人相當看好的熱門公司。為了讓獲利持續成長，公司增加資本支出增資擴廠，但2004年6月15日，博達因付不出29億元公司債而聲請重整，同年6月23日就被迫停止交易。

❶ 好公司為何變成地雷股

在博達出事前，從該公司的損益表與現金流量表就可以看出危機的端倪。根據損益表，博達的本業仍然賺錢，但從現金流量表可以發現，本業的營業現金流量為負值，代表公司雖賺錢，卻沒有現金流入。且在2001年損益表中可以看到，當年度的營業收入高達81億元，稅前盈餘有7.4億元，且盈餘是來自本業獲利賺取。但是2001年博達現金流量表卻顯示，當年營業現金流量流出3億元，獲

利7.4億元,營業現金流量應該是流入,為何流出?這當然就是問題所在。

問題在於,博達帳上的營業收入大都是把商品賣給博達在海外成立的公司。簡單來說,銷貨的海外對象,全是虛擬的紙上公司,才會造成損益表上顯示為大獲利,實際上卻沒有現金流入,甚至還流出。

❷ 公司擴廠資金來自舉債

另外,博達在2001年現金流量表中,融資現金流量流入57億元,在投資活動現金流量流出68億元。從現金流量表還可以看出,其現金流入是來自融資現金流量。融資現金流量記載的是公司對外各種長短期舉債,顯示帳上的現金流量主要是來自銀行的借款。

股價淨值比與本益比的概念與應用

股價淨值比(Price-Book Ratio,簡稱PB、PBR)與本益比(P/E Ratio,簡稱PE)為投資人最常用來判斷股價合理性與買點的兩項指標。一般常見的用法,莫過於當股價淨值比低於1時,該公司股價呈現被低估的現象,便可判斷股價便宜而買進。

股價淨值比法較適用於獲利不穩定的公司；本益比法較適用於成長或穩定型產業。

一般而言，穩定賺錢的公司，用本益比判斷合理股價即可，對於獲利不穩定、一年賺一年賠的公司，就不適合用本益比判斷合理股價。此時，投資人可以用股價淨值比來判斷合理的股價，也就是用「如果把公司賣了清算後，投資人可以拿回多少錢」的觀點來思考。

例如營建、DRAM（動態隨機存取記憶體）、金融、鋼鐵等景氣循環個股的盈虧起伏不定，不適合用本益比來判斷股價。或是當公司持續虧錢時，便無法用本益比衡量，這時候便能夠運用股價淨值比判斷股價。

≫ 股價淨值比的迷思

當股價淨值比低於1時，該公司股價是否真的被低估？股價是否確實便宜？能否買進？

投資人時常因聽到某個分析師大喊：「該公司的股價低於淨值，股價被低估！」就果斷買進股票，最後虧損出場。

股價淨值比就是股價相對於每股淨值的比例，算式如下：

股價淨值比（倍）＝股價÷每股淨值

以第95頁的**表2-21**為例，凌巨（8105）109年第一季的淨值為17.78元，109年2月27日卻僅有9.9元，股價淨值比為9.9÷17.78＝0.56倍。

當股價淨值比低於1時，有些分析師或投資人就認為該公司股價被低估，代表股價現在比較便宜，可以考慮買進，但真的是這樣嗎？

此時，投資人可以思考下列問題：

錢應該對好股票的嗅覺最敏銳，大多數正常的公司，股價淨值比應該都是在一倍以上，特別是被認為成長性越高的股票，股價淨值比更高。若當股價跌到遠低於淨值，背後必然有某些負面因素，導致股價下跌低於淨值。所以若發現這家公司的股價淨值比竟然一波比一波低，一定要有警覺，這一定屬於衰退產業。

例如：某家公司現在股價是18元，淨值是20元，股價低於淨值，投資人可能會認為公司的股價低於淨資，因而買進。如果這家

公司持續虧錢，明年虧損2元，淨值只剩18元，因此20元買進還是貴，畢竟這家公司根本不能增加股東權益（公司價值），如果後年持續虧損2元，淨值剩16元，20元買進更是虧到了。

進一步思考，當投資人透過很簡單的股價淨值比，發現公司股價很便宜時，合理推論其他投資人也同樣能發現。一旦投資人都發現此現象並紛紛買進，股價勢必會上漲，也就不會低於淨值。

整體來說，在多頭市場，正常公司股價淨值比應該都是在一倍以上；在空頭市場，正常公司股價淨值比有可能低於一倍。

>> 本益比的迷思

本益比就是每股股價除以每股盈餘的意思。本益比的倒數，就是每股盈餘／每股股價，相當於報酬率，如本益比為20倍，報酬率即為5%。

一般而言，合理本益比與EPS成長率有關，如果可預期公司獲利將持續衰退，就算本益比短暫偏低，還是不值得投資；相反地，如果公司的獲利有機會持續成長，那麼就算公司的本益比短暫偏高，還是可以進行投資，因為只要未來獲利持續成長，本益比將可能慢慢降低。

≫ 本益比高低是相對的

一般投資人在衡量本益比高低時，往往都用過去多年來所統計出的本益比作為判斷標準，藉此預測大盤指數及個股合理的位階或價格。

然而，這樣的衡量標準，必須建立在其他條件不變或變化不大的前提下。所謂其他條件不變的因素中，最重要的就是利率，也就是利率必須不變或變化不大。例如2020年新冠肺炎病毒使美國、歐盟及日本等國家相繼實施無限量QE，很多投資金融工具的報酬率大幅降低。報酬率的倒數就是本益比，因此許多金融工具的本益比也大幅提高。此時在判斷大盤指數或個股本益比高低時，就必須與其他投資金融工具進行比較，如**表2-25**所示，當一年期定存利率為1%時，本益比高達100倍；一年期美國殖利率為0.2%時，更高達500倍。

在過去大盤指數本益比來到15倍時，就有些太高了。但投資人必須注意，「本益比到20倍就是高點」這樣的思維必須要有所改變。也就是說，本益比為25倍的報酬率為4%、本益比30倍的報酬率為3.3%、本益比40倍的報酬率2.5%。按照這樣的思維，台股指數未來本益比來到25倍、30倍或40倍都有可能。

表2-25 股票、一年定存股利率及一年期美國殖利率的報酬率與本益比之比較

	股票	一年期定存股利率	一年期美國殖利率
報酬率	5%	1%	0.2%
本益比	20倍	100倍	500倍

 資本支出與折舊攤提可視為領先指標

　　在大部分投資人的認知中，財報都是過去的訊息，早已反映在該公司的股價上，這樣的想法並非完全正確。事實上，如資本支出與折舊攤提就可以當作領先指標，也就是說，這兩項指標可作為選股的重要參考依據。

　　公司進行資本支出，代表對未來景氣看好。因此，從公司決定增加資本支出的行動，可判斷公司未來的營業收入將會成長，股價上漲的機率就高，若營收出現大幅成長，股價更是有機會往上飆漲。

　　例如：台積電（2330）趁著全球資金寬鬆，2020年從資本市場大量募資，共有三次發行無擔保公司債的籌資行動，前兩次為新台幣，第三次是發行無擔保美元公司債，總金額上限為40億美元，這是台積電歷年來最大手筆的美元無擔保公司債，藉此增加資本支出。

這也反映台積電（2330）趁全球利率低迷，善用財務操作，以發行國內及國外公司債券的方式，大舉籌措新台幣及美元，提升避險的彈性，也為衝刺5奈米產能及3奈米試產，備足銀彈，拉大領先優勢。

台積電大量發債的募資對投資人有兩點啟示：

❶ 謹慎控管資本結構的公司，增加資本支出可以利多

對台積電這家謹慎控管資本結構的公司來說，利用史上最低的利率環境，發行債券，擴張資本支出，將會對公司的營收與獲利創造出最大的效果，更有利於股價未來的表現。

當然，投資人往往會對公司股價過度樂觀，同樣的，公司的經營者也經常對未來景氣過度樂觀，而進行擴大資本支出。這種狀況不但不能提升公司獲利，反而還會侵蝕公司獲利。

❷ 負債高低

很多投資人在解讀負債時，都會認為負債越少，股東權益就越高，就是好公司。其實對公司而言，在景氣往上或利率偏低的時候，只要經過嚴密的評估，適度舉債，反而能提升經營效率，反映

在股價上當然就會是正面的；相對來說，負債過低的公司，不懂把握時機擴充規模，將成為缺乏成長性的公司，反映在股價上就沒有什麼想像空間。

此外，當公司的固定資產折舊提列完畢，將有助於公司獲利的提升，股價往上漲的機會就增大。

學會解讀財務報表，就能看穿一家公司的經營
實情，找出真正值得存好存滿的股票。

如何以技術面作為買賣判斷依據

投資股票時，最重要的一件事就是把各項指標化繁為簡，但是許多投資人卻化簡為繁，最後很難賺到錢。

技術指標有上百種方法，我通常使用均線，特別熟用葛蘭碧八大法則。

雖然布林通道這項指標有部分違反了葛蘭碧八大法則的定義，但我還是會透過布林通道的下軌道，找出負乖離的買點。

破底翻與假突破是研判趨勢轉折兩大重要的型態，也是我在操作上常會使用的兩大指標。

以下將刻意排除某些簡單、大家一學就會，但很難賺到錢的指標，例如RSI、KD、MACD、AR、VR及ADR等；也篩去了複雜且同樣很難賺到錢的指標，例如扇形理論、波浪理論及逆時鐘曲線。

如何以均線判斷買賣點

>> 均線的定義

投資人只要把一定期間內（N日），每個交易日的收盤價相加並平均，每個交易日都可得出一個平均值，將每個交易日的平均值的點連接起來，就能畫出移動平均線（Moving Average Line，MA，簡稱均線）。

均線所代表意義為N日內投資人持有股票的平均成本，因為股價無論如何上下震盪，最終都會回到均線值附近，所以投資人可以從均線推估股價未來的走勢。

>> 如何計算均線

假設鴻海過去五個交易日（含本日）的收盤價分別是101元、102元、103元、104元及105元，把這些股價加總之後除以5，所得到的價格103元，就是這5日的平均值，如**表2-26**。

表2-26 鴻海近五個營業日的收盤價

日　期	股　價
7月1日	101元
7月2日	102元
7月3日	103元
7月4日	104元
7月5日	105元

由**表2-26**可以計算出7月5日的5日均線（周線）：

鴻海5日線＝（101＋102＋103＋104＋105）÷5＝103元

由於在這五個交易日中，每天的股價有漲也有跌，因此造成平均值有漲有跌，所以再把這些平均值連成一線，就成為鴻海股票的**5日線**，又稱為**周線**。以此類推：

❶ 假設鴻海過去**二十個交易日**（含本日）的收盤價平均價格為105元，同樣在這二十個交易日中，每天的股價有漲也有跌，因此造成平均值有漲有跌，所以再把這些平均值連成一線，就成為鴻海股票的**20日線**，又稱為**月線**。

❷ 假設鴻海過去**六十個交易日**（含本日）的收盤價平均的價格為110元，同樣在這六十個交易日中，每天的股價有漲也有跌，因此造成平均值有漲有跌，所以再把這些平均值連成一線，就成為鴻海股票的**60日線**，又稱為**季線**。

從使用均線來分析股價走勢的優點，在於均線可以把原先呈現急漲急跌的股價走勢，透過平均值的方式變得比較平緩，讓投資人容易判斷股價趨勢是往上或往下。

依照時間，均線可以分成短期、中期及長期三種，其實際分法
如下：

● **短期線**

　　❶ 5日線──周線　　　　　❷ 10日線──雙周線

● **中期線**

　　❶ 20日線──月線　　　　　❷ 60日線──季線

● **長期線**

　　❶ 120日線──半年線　　　❷ 240日線──年線

圖2-7 大盤走勢圖

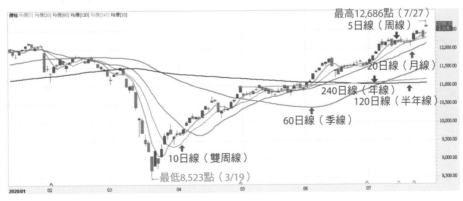

資料來源：凱基大三元

》均線糾結：好膽你就來

　　每次我聽到阿妹的一首台語歌曲〈好膽你就來〉其中一段歌詞：「你的心我的心結結做一夥，好膽你就來」，就讓我想起均線糾結的操作方法。所謂均線糾結，就是指股價經過長期的震盪整理後形成短期、中期及長期的各條均線，全部糾結在一起。看到均線糾結，投資人的操作方式如下：

❶ 當均線糾結後，股價出現帶量往上長紅K線，一般而言，這將是起漲的開始，即為買進訊號，投資人可以勇敢（好膽）買進。

❷ 當均線糾結後，股價出現往下長黑K線，一般而言，這將是起跌的開始，可以勇敢（好膽）地借券放空。

圖2-8　周線、10日線、月線、季線、半年線及年線形成均線糾結

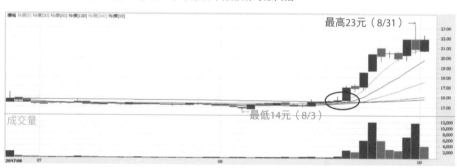

資料來源：凱基大三元

如紫色圓框範圍所示，當均線糾結在一起時，股價帶量往上攻擊，可視為買進訊號亮燈。

位速（3508）股價在2017年8月21日帶量往上開始攻擊，當時位速的周線、10日線、月線、季線、半年線及年線形成均線糾結（見**圖2-8**），這一看就是個賺錢的好機會。一般而言，只要察覺均線糾結的個股——特別是季線、半年線及年線糾結在一起，帶量開始往上攻擊，就買進。相對的，如果往下跌破均線糾結區，就做空。

同樣地，2020年6月1日，光洋科（1785）周線、10日線、月線、季線、半年線及年線形成均線糾結後，股價也開始帶量往上攻擊，見**圖2-9**。

在實際操作中，均線糾結是準備進場的機會。均線代表期間的買賣成本價位，5日線代表五天的買進平均成本，10日線代表十天的買進平均成本，20日線代表二十天的買進平均成本，當三條均線相當接近的時候，代表區間的買進成本都差不多，這檔個股已整理約二十天，抱不住或做短線的投資人也都賣掉了，籌碼相當穩定。也就是說，沒有賣掉的投資人都認同這個價位。當60日、120日及240日等長期線也糾結在一起時，股價橫向整理的時間越長，代表籌碼越穩定，將來股價上漲或下跌的力道就越大。

圖2-9 光洋科（1785）周線、10日線、月線、季線、半年線及年線形成均線糾結

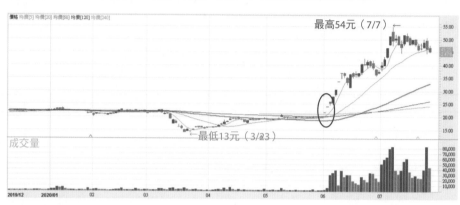

資料來源：凱基大三元

請看**圖2-9**，圖中紫色圓框範圍中，周線、10日線、月線、季線、半年線及年線呈現均線糾結的現象，顯示股價即將向上或向下大幅變動，是可以等待進場的時機。

》季線扣抵

● 季線扣抵概念

學會利用季線扣抵，可推估季線的後續走勢，預先研判大盤指數或個股股價的季線，未來是往上或往下的趨勢。

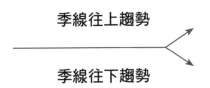

季線往上趨勢

季線往下趨勢

　　季線扣抵的價位位置越來越低，季線往上揚，是大盤指數或股價將由空轉多的訊號（如**圖2-10**左側圓框範圍）；反之，未來季線扣抵的價位位置越來越高，季線往下彎，是股價將由多轉空的訊號（如**圖2-10**右側圓框範圍）。

圖2-10　台股指數季線扣抵的位置越來越低，季線又將往上揚

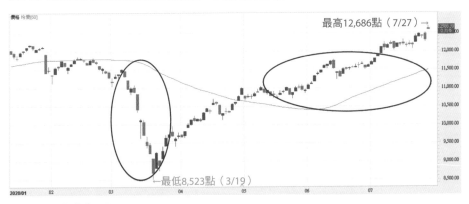

資料來源：凱基大三元

　　要了解季線扣抵的概念，首先來複習之前所學過的周線計算方式。周線就是由多根K線的平均價格所連成的線。

 觀念實作

舉例來說，7月5日鴻海的5日均價，就是把7月5日往前推五個營業日的收盤價之總和，除以5。

假設鴻海每天的盤價如**表2-27**：

表2-27 鴻海近六個營業日的收盤價

日　期	股　價
7月1日	101元
7月2日	102元
7月3日	103元
7月4日	104元
7月5日	105元
7月6日	106元

即可得知，鴻海7月5日的5日均價為103元：

（101元＋102元＋103元＋104元＋105元）÷5＝103元

鴻海7月6日均價，同樣是以7月6日往前推五個營業日的收盤價的總和、除以5，可算出鴻海7月6日均價為104元：

（102元＋103元＋104元＋105元＋106元）÷5＝104元

你發現了嗎？7月5日與7月6日均價，兩者只差在前者是加入7月1日的101元，後者是加入7月6日的106元，但是7月2日的102元、7月3日的103元、7月4日的104元及7月5日的105元是不變的。也就是說，7月6日的5日均價104元，之所以會比與7月5日的103元要高，是因為106元取代了101元。

換句話說，如果7月6日的收盤價不是106元，而是96元的話，那麼7月6日的5日均價就會是102元：

（102元＋103元＋104元＋105元＋96元）÷5＝102元

7月6日均價102元，就會比7月5日的5日均價103元還要低。

因此所謂「5日均線扣抵」，就是扣掉五個營業日前的收盤價，加上今天的收盤價。以此類推：

● 月線扣抵＝扣掉二十個營業日前的收盤價，加上今天的收盤價

● 季線扣抵＝扣掉六十個營業日前的收盤價，加上今天的收盤價

接下來，若想要知道5日線會怎麼走，到底會往上揚或往下彎，就可以根據下列的方式，研判多空趨勢：

❶ 直接把今天的收盤價與六個營業日前的收盤價比較。如果今天的收盤價比較高，5日線就會往上揚，為多頭趨勢（7月6日收盤價為106元，大於7月1日的收盤價101元）。

❷ 直接把今天的收盤價與六個營業日前的收盤價比較。如果今天的收盤價比較低，5日線就會是往下彎，為空頭趨勢（7月6日的96元，小於7月1日的101元）。

以此類推：

- **20日均線就是直接把今天的收盤價，與二十一個營業日前的收盤價進行比較。**

- **60日均線就是直接把今天的收盤價，與六十一個營業日前的收盤價進行比較。**

● 買賣練習題

　　例如：如**圖2-11**所示，華城（1519）6月10日收盤價26.5元，往前推第六十一個營業日的收盤價25.4元（圓框範圍），由於26.5元大於25.4元，所以季線開始往上揚。

圖2-11 華城（1519）走勢圖

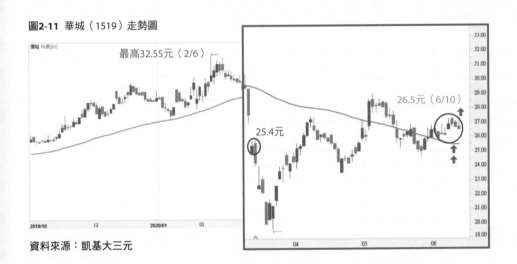

資料來源：凱基大三元

≫ 季線的應用

● **基本概念：股價站上季線且季線往上揚，就看多；股價跌破季
線且季線往下彎，則看空。**

　　了解季線與季線扣抵的概念之後，投資人初步可以運用季線扣
抵的位置來研判大盤或個股目前所處位置，而進行多空操作。

● **當季線往上揚，股價在季線之上。**

　　如**圖2-12**所示，此現象代表大多數投資人的平均成本低於目前
的股價位置，此時由於大多數人都是獲利，因此籌碼也較為安定，
當股價回檔修正來到季線時，先前來不及買進的人，進場意願將會
提高而進場承接。當股價持續上漲，會再次驅動買盤進場追價，此
時可視為多頭格局持續，股價持續往上攻堅的機會大。

圖2-12 台積電（2330）走勢圖

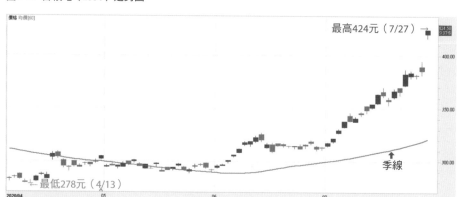

資料來源：凱基大三元

● **當季線往上揚，股價跌破季線。**

　　季線持續往上揚運行，表示投資人買進的意願強勁，此時若股價跌落季線，通常會引起買盤進場，進而出現帶量且迅速地又站回季線，重新展開另一波多頭攻擊。

　　因此季線持續往上揚運行、股價跌破季線的現象，通常為短期。這種短期現象可視為「假跌破」，也就是一般所稱的「騙線」。此現象發生時，一般可視為多頭格局的修正，當股價再次站上季線時又是買進的訊號。

　　圖2-13中的圓框範圍內，即顯示了「季線上揚，股價跌破季線」的現象。

圖2-13 台達電（2308）走勢圖

資料來源：凱基大三元

● **當季線往下彎，股價突破季線。**

　　如**圖2-14**紫色圓框範圍所示，當季線持續往下運行時，表示投資人賣出意願強勁，此時若股價站上季線，通常將出現另一波賣壓，於是股價將迅速再次跌破季線，且持續往下探底，此時就算站上季線，也通常是短期現象，

　　因此這種短期現象可視為假突破，這也就是一般所稱的騙線。面對這種跌深反彈的空頭格局，投資人可以在假跌破後，或股價再次跌破季線時，進行放空。

圖2-14 鴻海（2317）走勢圖

資料來源：凱基大三元

● **當季線往下彎，股價在季線之下。**

當股價落在季線下方，且季線持續往下運行時，代表這六十個營業日內買進該檔股票的大多數投資人都虧損，也就是處於套牢狀態。

此時投資人持股信心不足，籌碼面相對凌亂，只要股價反彈到季線附近時，投資人將會趁機減碼，若股價持續走弱，投資人更有可能不計代價賣出股票。因投資人的信心容易崩潰，形成多殺多的現象，導致一波急跌行情，可以持續做空（請見**圖2-15**）。

圖2-15 鴻海（2317）走勢圖

資料來源：凱基大三元

» 技術分析必學：葛蘭碧八大法則

　　葛蘭碧八大法則中使用的均線為年線，不過我在應用葛蘭碧八大法則操作時，使用的均線期間為季線。

圖**2-16** 葛蘭碧八大法則示意圖

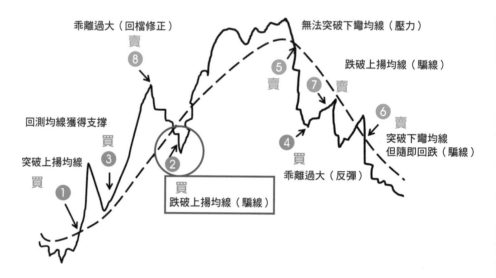

　　我們在此解釋一下最常用、也最實用的葛蘭碧八大法則。

❶ 買進時機

- 均線從下降逐漸走平，而股價從均線的下方往上突破均線，且均線往上揚時，為**買進訊號**，如圖點❶。

- 股價雖跌入均線下，而均線仍在上揚，短時間內又站上均線時，為**買進訊號**，如圖點②。

- 股價趨勢線走在均線之上，股價回檔修正的行進中，未跌破均線，股價又上升時（助漲效果），可以**加碼買進**，如圖點③。

- 股價在均線之下，跌幅過大時，極可能出現反彈，為**買進時機**，如圖點④。

② 賣出時機

- 均線走勢從上升逐漸走平，而股價從在均線的上方往下跌破均線時，為**賣出的時機**，如圖點⑤。

- 股價雖往上突破均線，但短時間內又立刻跌回均線之下，而且均線仍然繼續下彎時，為**賣出時機**，如圖點⑥。

- 股價在均線之下，股價往上反彈接近均線時，又回落均線之下（助跌），為**賣出時機**，如圖點⑦。

- 股價在均線之上，呈現大幅度上漲，遠離均線，股價極可能將回檔修正，為**賣出時機**，如圖點⑧。

圖2-17 葛蘭碧八大法則示意圖：第①、②、③點為買進訊號，第⑧點為賣出訊號

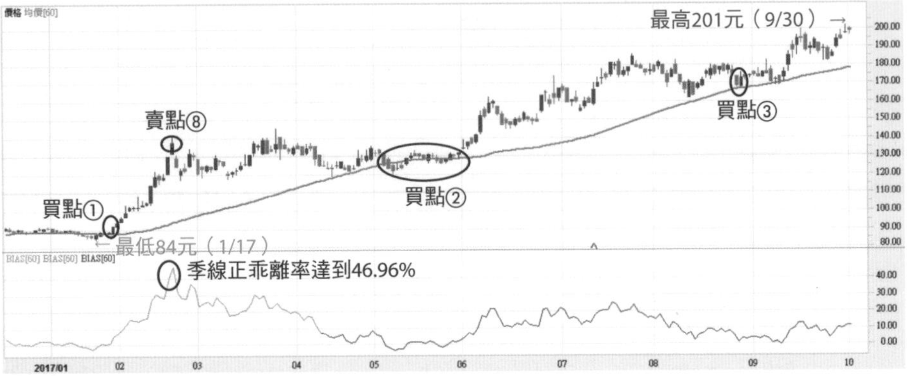

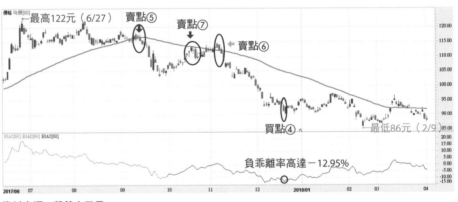

資料來源：凱基大三元

圖2-18 葛蘭碧八大法則示意圖：第⑤、⑥、⑦點為賣出訊號，第④點為買進訊號

資料來源：凱基大三元

≫ 複習用季線判斷買進時機

當季線下降，逐漸走平，而股價帶量突破季線，且季線還持續往上揚，為**買進訊號**（如**圖2-19**圓框範圍）。

圖2-19 股價帶量站上季線,且季線往上揚,為買進訊號

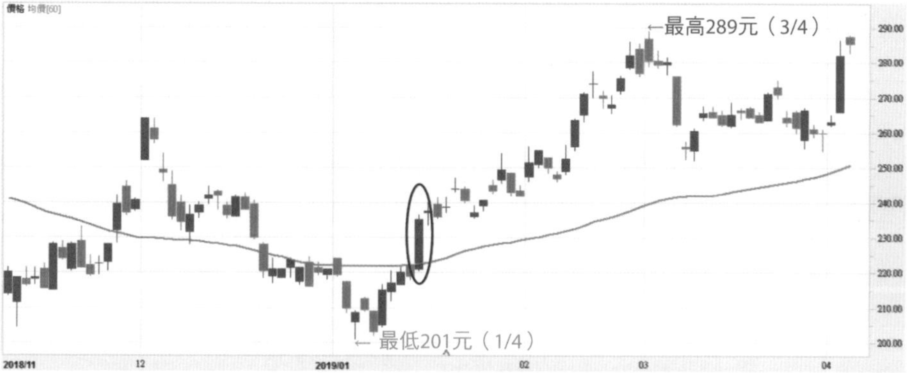

資料來源:凱基大三元

當股價跌破季線,但季線還在上揚的過程中時,即為「假跌破」,股價往往很快會再站回季線,為**買進訊號**。此型態稱為探底(如**圖2-20**圓框範圍)。

圖2-20 假跌破

資料來源:凱基大三元

　　當季線在上揚行進中，股價回檔修正至季線，但未跌破季線，股價又開始往上時（助漲效果），可以**加碼買進**（如**圖2-21**）。

圖2-21　季線支撐平均價位將越來越高，對向上運行的季線有助漲的效果

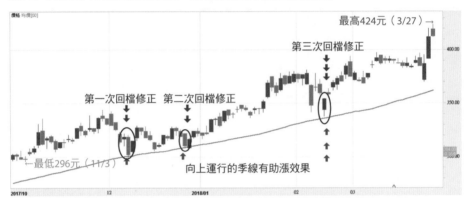

資料來源：凱基大三元

≫ 均線有助漲效果

　　季線在上揚行進中，股價回檔修正至季線，季線將成為重要的支撐，由於季線往上行進，季線支撐平均價位將越來越高，當然季線的支撐點也會變高，當股價拉回到季線附近時，因季線仍然往上走，顯示買方力量大於賣方力量，自然會引起買氣，因此向上行進的季線有助漲效果。以**圖2-21**為例：

- 第一次回檔修正時，季線的平均為300.45元，回檔修正的支撐價位300.45元。

- 第二次回檔修正時，季線的平均為310.98元，回檔修正的支撐價位 310.98元。

- 第三次回檔修正時，季線的平均為336.13元。回檔修正的支撐價位336.13元。

　　如圖2-22上方圓框所示，當股價在下彎季線下，季線下彎行進中，季線形成股價的壓力，當股價突然暴跌，遠離季線，形成過大的負乖離，極可能反彈趨向季線，為買進的訊號。

　　上銀（2049）在2018年10月26日股價來到波段最低點181元時，負乖離高達28.27%，此時為買進訊號（如圖2-22下方圓框所示）。

圖2-22 上銀（2049）走勢圖

資料來源：凱基大三元

》用均線判斷賣出時機

請見**圖2-23**左側圓框，當股價在季線之上形成兩個頭部，形成盤頭型態後，季線走勢從上揚逐漸走平。股價從季線的上方往下跌破季線時，應是賣出的機會（如**圖2-23**右側小圓框）。此型態稱為盤頭。

圖2-23 上銀（2049）走勢圖

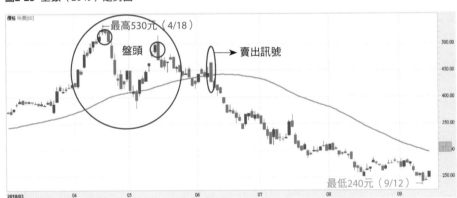

資料來源：凱基大三元

　　當季線仍然在下彎運行中，股價雖然往上突破季線，但股價又跌破季線，為賣出訊號。此型態稱為騙線（如**圖2-24**圓框範圍）。

圖2-24 上銀（2049）走勢圖

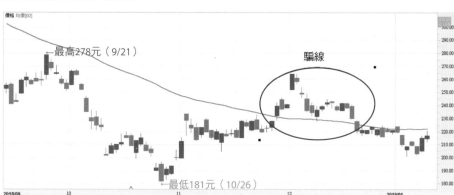

資料來源：凱基大三元

　　當季線在下彎行進中，股價反彈至季線附近，但未突破季線，股價又開始往下跌時（助跌效果），為**賣出的訊號**（如**圖2-25**）。

圖2-25 季線壓力平均價位將越來越低，對向下運行的季線有助跌的效果

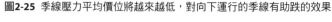

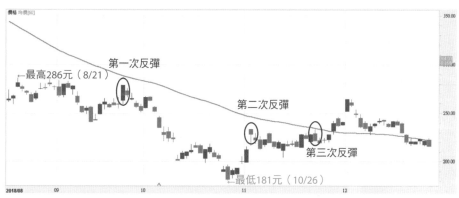

資料來源：凱基大三元

》均線有助跌效果

季線下彎，股價反彈至季線附近，季線將成為重要的壓力，由於季線往下運行，季線壓力平均價位將越來越低，當然季線的壓力點也會越低，當股價反彈至季線附近時，因季線仍然往下走，顯示賣方力量大於買方力量，自然會引起賣壓，因此向下運行的季線有助跌的效果。再次以**圖2-25**為例：

- 第一次反彈時，季線的平均價位為288.5元，反彈的壓力價位288.5元。

- 第二次反彈時，季線的平均價位為228.5元，反彈的壓力價位228.5元。

- 第三次反彈時，季線的平均價位為221.5元，反彈的壓力價位221.5元。

當股價在上揚的季線之上，季線上揚行進中，季線形成股價的支撐，當股價突然暴漲，遠離季線，形成過大的正乖離，極可能回檔趨向季線，為**賣出的訊號**。2017年2月18日，穩懋（3105）股價來到波段最高點141元時，正乖離高達46.96%，此時為**賣出訊號**（如**圖2-26**）。

圖2-26 穩懋（3105）走勢圖

資料來源：凱基大三元

⑤ 以布林通道找出負乖離的買點

≫ 布林通道意義與操作策略

　　布林通道又稱為「布林格帶狀」或「保力加通道」（Bollinger Bands，BBands），操作與箱型操作理念相當類似。

　　布林通道由三條線組成，結合了均線和統計學的標準差概念。主要是以「20日線（月線）」為中心（中軌道），上下各取兩個標準差，作為「股價壓力線」（上軌道）與「股價支撐線」（下軌道），以三條線為範圍的軌道操作方式：

- 股價壓力線（又稱為上軌道）＝中軌道＋兩個標準差

- 中心線（又稱為中軌道）＝20日均線

- 股價支撐線（又稱為下軌道）＝中軌道－兩個標準差

　　依據標準差的常態分配，距離股價平均值小於兩個標準差之內的數值範圍，在常態分布中，此範圍所占比率為95.4%，也就是說股價會落在上軌道與下軌道之間的機率有95.4%，超出軌道機率大約只有4.6%。

　　因此，原則上在買進股票做多時，股價碰到上軌道後再次上漲的機率非常小，應選擇賣出；當股價碰到下軌道，要再次下跌的機率同樣是非常小，此時可選擇買進。

　　布林通道的基本操作策略如下：

- **原則上**

❶ 當股價碰觸上軌線，為「賣出訊號」。

❷ 當股價碰觸下軌線，是「買進訊號」。

圖2-27 布林通道操作策略示意圖

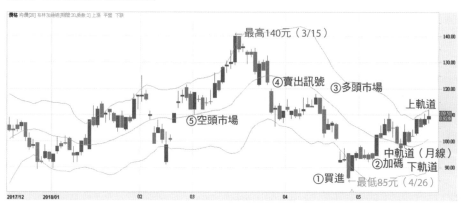

資料來源：凱基大三元

● **做多買進訊號**

❶ 當股價由下向上，往上突破下軌道時，是「買進訊號」。

❷ 當股價在中間線與下軌道間運行後，股價由下往上突破中軌道時，是加碼買進訊號（如**圖2-27**的②）。

❸ 當股價在中軌道與上軌道之間運行時，為多頭市場，可做多（如**圖2-27**的③）。

● **做空賣出訊號**

❶ 價格在中軌道與上軌道之間運行後，股價由上往下跌破

中軌道，為賣出訊號（如**圖2-27**的④）。

❷ 股價在中軌道與下軌道之間運行時，向下運行時為空頭市場，可做空（如**圖2-27**的⑤）。

≫ 布林通道違反葛蘭碧八大法則

在布林通道做多買進的訊號之一：只要股價由下往上突破中軌道時，就是加碼買進訊號。

布林通道的中軌道是20日線（月線），但在葛蘭碧八大法則，股價必須站上月線，且月線往上揚才是買進的訊號。

而布林通道不管月線是往上揚或往下彎，股價只要站上月線就是買進訊號。我在使用布林通道操作時，只有當股價站上月線，且月線往上揚，才作為買進訊號。

≫ 負乖離率可以配合布林通道指標

使用乖離率操作的最大困擾，在於無法界定乖離偏離季線幅度的大小，也就是無法判斷當正負報酬率達到多高時，股價才會回檔修正或反彈，所以我使用布林通道作為負乖離反彈的指標。當股價

跌至布林通道的下軌道之外，可視為負乖離過大，當股價又站回下軌道之內，宜買進或回補空單。

破底翻與假突破的應用

≫ 破底翻與假突破的意義

破底翻與假突破是研判趨勢轉折的兩大重要型態，從事波段交易的投資人，都必須學會準確判斷多空轉折。

所謂「破底翻」是指在空頭市場下，股價跌破波段新低或支撐線後，股價又迅速翻揚至之前跌破的低點或支撐線之上，這時就是由空轉多的起始點。

而「假突破」則是在股價往上推升走多過程中，價格突破壓力或波段價格的高點後卻動能不足，無法持續向上再推升，反而開始反轉下跌。

所以K線圖有時會騙人，主力為了要順利出貨，往往要做出股價帶大量往上突破的假象，從技術面來看，這種假象往往會讓投資人認為股價又要持續往上攻，但次日或幾天後，股價卻跌回之前突破的壓力線，這種現象就稱為「假突破」。

　　若以時間波段來看，股價在高檔或低檔盤整的時間，都有一定的對稱關係。簡單來說，在高檔盤整六個月後往下跌，將來在低檔整理的時間也大概約需六個月的時間，才較有機會往上漲。一般而言，當指數站上頸線，拉回整理後，就不能再跌破頸線支撐，否則仍是空頭架構，頸線又變成壓力區。

》破底翻的操作策略

● **箱型整理的破底翻為買進做多訊號**

圖**2-28** 箱型整理的破底翻為買進做多訊號

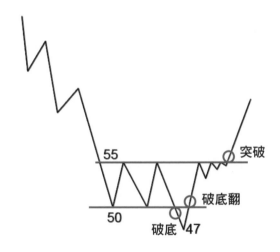

　　如**圖2-28**所示，股價在盤跌一段後，進入盤整築底的過程。出現跌破底部支撐後，即快速站穩頸線之上，這種型態稱為破底翻。在技術面上，破底翻是相當難得的股價止跌、買進做多訊號。

　　會出現破底翻，大都因主力在低檔築底進貨，當主力進貨完成之後，刻意藉由基本面或消息面等利空使股價破底。這時股價已經過盤跌整理，籌碼已洗乾淨，再加上主力進貨，因此一旦股價破底，當然就很容易拉升，站回之前的支撐線。

　　出現破底翻，是主力使用「甩轎」方式來清洗浮額。因此，甩轎之後出現破底翻，表示主力已經進場。此時，跟隨主力買進做多，獲利的機率當然就會大幅提高。

　　如上頁**圖2-28**所示，股價經過盤跌後，進入50元至55元之間整理，跌破整理區的支撐線50元，來到低點價格47元後，再拉升站穩支撐線價格50元，便可視為破底翻。

● **操作方式**

　　當股價破底翻後隨之買進，破底翻後支撐的價格仍然是在50元，因此買進後的停損價設在50元附近，如果離破底翻低點價格不遠，屬可承受的風險範圍，則可設在低點價格47元的位置，跌破後務必進行停損，如果突破整理區的壓力線價格55元，則可加碼。

　　若股價整理後往上突破壓力線55元，表示主力發起攻擊，通常都是股價往上拉升動作最快的時候，所以突破壓力線後便不能再拉

回跌破55元。一旦跌破55元,則應停損停利,簡單來說,加碼買進停損及破底翻買進的多單停利,反之,55元的支撐不破,則續抱做波段操作。如此便可達到以有限的風險,獲取波段的大利潤。

- **W底的破底翻為多頭買進訊號**

圖2-29 W底的破底翻為多頭買進訊號

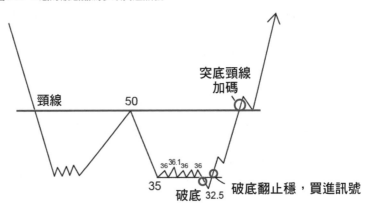

如**圖2-29**所示,當股價出現W底底部型態的破底翻,同樣可藉由破底翻的型態與掌握底部盤整的相對低點位置操作,實現小賠大賺的目標。

當出現W底型態,第二隻腳的價格在35元至36元區間來回震盪時,突然出現跌破底部價格35元的動作,隨後又拉回站穩35元的支撐線之上,便可視為「破底翻買進訊號」,特別是往上突破前高36.1元價格時,破底翻更可確立。

當破底翻出現後，支撐線價格仍為35元，而非最低價格32.5元，因為35元才是接近主力最低成本區，若買進的成本在35元附近，距最低點價格32.5元的風險有限，因此可將停損設在跌破32.5元時，如此操作可在風險有限的情況下，獲取最大的波段利潤。

當股價再往上突破頸線50元時，可加碼買進，突破且站穩頸線後，頸線就成為支撐，因此如果股價壓回跌破頸線時，應做好停利停損。

簡單來說，破底翻低檔買進的股票獲利了結為停利，突破頸線加碼買進的股票會有損失，所以要停損。只要股價不要跌破頸線，就可上看W底等幅計算的漲幅滿足附近。

圖2-30 亞光（3019）破底翻的操作策略

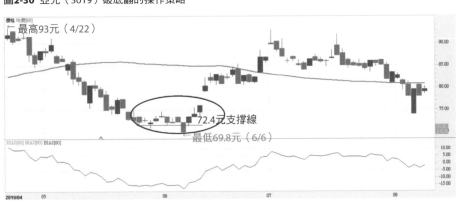

資料來源：凱基大三元

請看**圖2-30**。如同圓框範圍所示，6月6日，股價跌破72.4元的支撐價格，來到低點69.8元。

6月7日形成破底翻的格局，股價站上72.4元。股價站上72.4元是買進訊號，因此應將停損設在69.8元。

圖2-31 台表科（6278）破底翻的操作策略

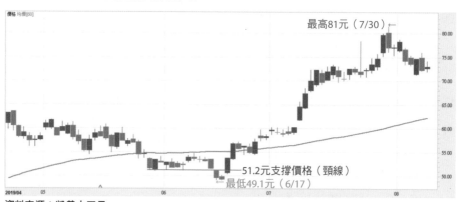

資料來源：凱基大三元

如同**圖2-31**所示，股價在6月17日跌破51.2元支撐價格，6月18日來到低點49.1元。6月19日形成破底翻的格局，股價站上51.2元。

由於股價站上51.2元是買進訊號，因此將停損設在49.1元。

圖2-32 廣明（6188）破底翻的操作策略

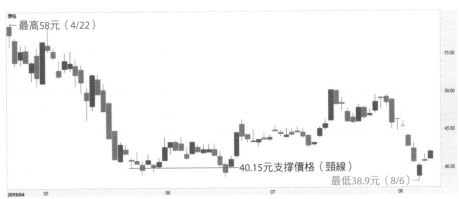

最高58元（4/22）

40.15元支撐價格（頸線）

最低38.9元（8/6）

資料來源：凱基大三元

如同**圖2-32**所示，6月18日，股價跌破40.15元的支撐價格，來到低點38.9元。6月19日形成破底翻的格局，股價站上40.15元。

股價站上40.15元是買進訊號，因此將停損設在38.9元。

≫ 假突破的操作策略

● 箱型整理的假突破為賣出或放空訊號

圖2-33 箱型整理的假突破為賣出或放空訊號

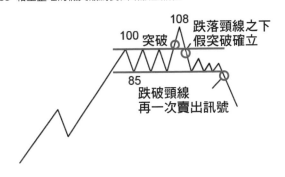

108 跌落頸線之下
假突破確立

100 突破

85
跌破頸線
再一次賣出訊號

　　如**圖2-33**所示，股價在上漲一段期間後，進入高檔整理。此時出現股價帶量突破整理區的壓力線，隨後又跌落壓力線之下，可視為假突破，為賣出或放空的訊號。出現假突破極可能是主力利用拉高股價，以高檔整理震盪的方式拔檔出貨，因此股價作價拉過新高不久，便回落壓力線之下。假突破是主力故意製造股價往上突破壓力線轉強的假象，誘使買盤追價，以達其積極出貨目的，隨後極可能再次拉高股價至壓力線，以便將剩餘持股在高檔進行最後的出貨。所以假突破從技術面來看，是主力出貨的型態，了解假突破之後，當然要隨主力之勢賣出或做空股票。

　　股價經過波段上漲後，進入85元與100元的箱型高檔整理，當股價突破整理區壓力線100元後，再回落壓力線100元之下，便可確立假突破型態。所以投資人在操作上必須跟隨主力的動向。

　　假突破型態確立後，100元壓力線仍然是反壓，所以100元可以設為做空的停損點，但若突破壓力線的最高點（108元）距離壓力線（100元）不遠，停損點也可以設在最高點108元。此外若再跌破整理區的支撐線85元，表示主力出貨也差不多接近尾聲，通常股價就會開始加速大幅下跌，此時應加碼放空。

● **頭肩頂的假突破為賣出或放空訊號**

圖**2-34** 頭肩頂的假突破為空單進場訊號

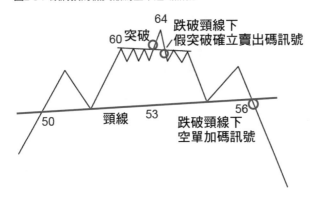

如圖**2-34**所示，股價經過波段上漲後，形成左肩後又形成頭部，高檔整理後突破頸線60元，隨後又回落壓力線之下，假突破便可確立。操作時，切記要隨主力之勢賣出或做空股票。

假突破型態確立後，60元壓力線仍然是反壓，所以60元可以設為做空的停損點，但若突破壓力線的最高點（64元）距離壓力線（60元）不遠，停損點也可以設在最高點64元。此外若再跌破整理區的支撐線56元，表示主力出貨也差不多接近尾聲，通常股價就會開始加速大幅往下跌，此時可以加碼放空。

圖2-35 勤誠（8210）假突破為賣出或放空訊號

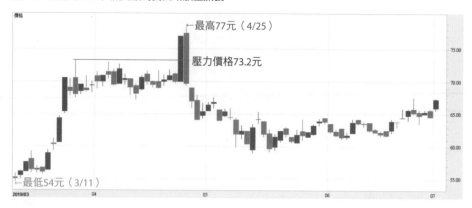

資料來源：凱基大三元

　　請看**圖2-35**。4月24日，股價以漲停突破73.2元壓力價格，來到高點77元。4月25日形成假突破的格局，回落壓力價格73.2元之下，便可確立假突破型態，在操作上應該要賣出或做空股票。

PART **3**

存股
實戰

　　雖然學會了股票的操作知識，但對於一般小資族而言，既沒時間盯盤，又無法承受太大風險。別擔心，就和億元教授學習可靠的存股技巧吧！

貨幣時間價值的觀念與應用

　　前些日子到溪頭爬天文台的途中，遇到熟識的山友談起股票投資。

　　山友苦笑著拿出手機：「老師你看，我所有投資的股票都是綠色（損失），這是為什麼？」

　　我說：「有賺一點錢的股票都被你賣掉，賠錢的股票卻硬要等待回本才甘心賣掉。」

　　他一臉不可思議地回我：「老師，你怎麼這麼聰明？」

　　我笑著說：「這正是散戶投資股票的悲歌。」

　　我為什麼這麼說？

　　投資股票的正確操作方式，應該是「汰弱擇強」，但散戶大都是「汰強擇弱」，所以大部分散戶註定就是輸家。

散戶的通病：賺到一隻雞，賠了一頭牛。

散戶除了有「汰強擇弱」的錯誤操作方式，另外也很常見的通病是，抱了好久的虧錢股票好不容易漲上來，才剛漲到自己買進的成本，就毫不猶豫的賣掉了。當下套牢的壓力是解脫了，但之後經常眼睜睜看著股價持續大漲，然後望「股」興嘆。

這就是為何長久以來，散戶只能在多頭市場賺一點小錢，卻往往在空頭市場大虧一筆。

那麼，散戶要如何才能成為贏家？我認為最好的投資策略，就是學會存定存股，也就是利用時間複利效果創造財富，簡單來說，就是以錢滾錢。

要學會錢滾錢，先要懂「貨幣的時間價值」觀念。

貨幣的時間價值，就是錢隨著時間的推移而發生的增值現象。也可以這麼說：如果投資人有機會在「今天得到一塊錢」和「一年後得到一塊錢」之間做選擇，在實質利率為正的狀況下，一個理性的投資人毫無疑問會選擇「今天得到一塊錢」。今日的一塊錢，由於將錢用於投資可獲得收益，存入銀行可獲得利息，和一年後的一塊錢所展現的價值當然完全不同，這是貨幣的時間價值概念。簡言

之，今天的一塊錢，將比一年後的一塊錢更具有購買力。

既然時間可創造金錢的價值，大多數散戶投資人也能利用時間的推移，創造屬於自己的財富。

≫ 單利與複利

每個人都知道儲蓄的重要性，只要將錢存入銀行，將來便可能獲得一筆利息收入。另外，向銀行或他人借貸也需支付利息。

假設今天司馬懿擁有10,000元，若司馬懿選擇不消費，存入銀行1年期定期存款，目前銀行1年期定期存款利率為每年5%，其將在一年後回收10,500元，孳生的利息是500元，亦即補償司馬懿犧牲目前不消費（享受），等到未來才消費的報酬。利率是取得資金的價格，利率的高低取決於金融市場中資金需求與供給間的競爭。也就是說，當借貸者與貸放者在資金價格上達成協議時，便決定了均衡利率。

如果司馬懿將此筆金額存入銀行期間為二年或三年，則在年利率5%之下，兩年後可換得的本利和是多少？這會因司馬懿與銀行所簽定的存款契約之利率型態是單利（Simple Interest）或複利（Compound Interest），而有很大差異。

所謂**單利**是指只對本金計算利息，未來賺得之利息不會滾入本金。

舉例來說：若司馬懿持有的10,000元存入銀行，以單利計算利息，年利率為5%，則其一年、二年、三年後之本利和各為多少？

由**表3-1**可知，這三年皆以原始本金10,000計算各年的利息，第一年本利和為10,500元，第二年加上第一年利息500元後，本利和為11,000元，第三年同樣加上第一年與第二年利息分別為500元後，本利和為11,500。由此可見，單利的計算方式並無「利滾利」的效果。

表3-1 單利計算方式（年利率5%）
單位：元

期間	本金	利息	本利和
第一年	10,000	500	10,500
第二年	10,000	500	11,000
第三年	10,000	500	11,500

所謂**複利**，是指將未來每期賺得之利息滾入本金之中，再計算其利息，亦即利滾利的效果。

若司馬懿持有10,000元，年利率為5%，存入銀行以複利計算利息，則其一年、二年、三年後之本利和各為多少？

　　由**表3-2**可知，第一年之本利和為10,500元，第二年以第一年本利和10,500元為新本金，計算出第二年的本利和為11,025元，第三年再以第二年本利和11,025元為新本金，計算出第三年的本利和為11,576元。相較於單利，三年後以複利計算的本利和多出76元，這就是利滾利的效果。

表3-2 複利計算方式（年利率5%）

期間	本金	利息	本利和
第一年	10,000	500	10,500
第二年	10,500	525	11,025
第三年	11,025	551	11,576

投資的複利效應

　　存定存股的概念就是買進每年穩定配發現金股利的公司股票，投資人拿到現金股利後再繼續買進該公司的股票，創造利滾利的效果，這就是投資的複利效應。

　　諸葛亮拿出100萬元買入上海銀行（5876）股票，若一年的殖利率為10%，那麼一年後就可以賺到100萬元的10%配息，也就是10萬元。

　　這時候，諸葛亮有兩種選擇：

第一種選擇，把每年配息10萬元都領出來當作生活費。這種獲利方式，就稱為「單利」。

第二種選擇，把每年配息10萬元，再持續買進上海銀行。這種獲利方式，就稱為「複利」。

該如何選擇，答案想必顯而易見了。但是短期間的利滾利無法創造財富，要創造財富，必須是長期間的利滾利。

因此，想要存定存股創造財富的話，我認為必須符合下列條件：選擇經營穩定的企業、股票現金殖利率在5%以上、投資人至少要能買入持有十年以上。

≫ 複利的威力

談到複利效果，愛因斯坦曾經說過：「複利的威力更勝原子彈。」

談到複利的威力，就不能不提到紐約市最繁榮、全世界地價最高的地區——曼哈頓的故事。

　　1626年，當時白人以24美元向印第安人買下曼哈頓島，如果印地安人能在1626年投資24美元，以每年8%的報酬成長率計算，歷時338年後，到了1964年，這筆錢將超過5兆美元；以1964年曼哈頓島價值近125億美元來看，338年後的這筆5兆美元，已經可以買下當時400座曼哈頓島，這就是複利的威力！

股票殖利率計算

≫ 現金殖利率

　　現金殖利率（Dividend yield），簡稱殖利率，定義是每股股息（現金股利）除以每股股價，通常以百分比表示。以台積電（2330）為例，109年發放現金股利是8元，如果投資人以200元買進，則股票的殖利率為4%。也就是說，買一張200元的台積電股票，需支付20萬（200元×1000股），每年收到現金股利8,000元（8元×1,000股）。如果要估算過去每年的殖利率，一般是用現金股利除以除息前一天的收盤價，殖利率公式如下：

- **殖利率＝（現金股利÷收盤價）×100%**

≫ 股票殖利率與股價關係

股票殖利率高低將隨股價變動而變動，也就是說，股票殖利率與股價之間成反比關係，當投資人買進股票的股價越低，殖利率就越高；反之，買進的股票股價越高，殖利率就越低。

以台積電（2330）為例，109年發放現金股利是8元，如果投資人以200元買進，則股票的殖利率為4%。如果台積電股價跌至160元，則股票的殖利率提高至5%。

≫ 總殖利率之計算

股利等於股票股利加上現金股利，但一般計算股票殖利率時，都只會計算現金股利，如果公司有發放現金股利與股票股利的話，計算方式如下：

假設司馬懿在台企銀（2834）除權除息之前，以每股10元的價格買進100張，108年台企銀的股票股利為0.4元，現金股利為0.27元，試算司馬懿的總殖利率為多少？

- **10元×1,000股×100張＝1,000,000元**

- 發放現金股利：**0.27元×1,000股×100張＝27,000元（忽略二代健保補充保費）**

- 現金殖利率：**27,000元÷1,000,000元＝2.7%**

因為配股票股利0.4元，所以100張到時候會變104張，當股票再回到10元時，股票殖利率＝（104－100）÷100＝0.4÷10＝4%；總殖利率＝現金部分＋股票部分＝2.7%＋4%＝6.7%。

💲 比較每年、每半年或每季配息的複利效果

2018年後，公司配息可每年一次、每半年或每季一次，如護國神山台積電（2330）是每季配息，台灣50ETF（0050）則是每半年配息。

舉例來說，諸葛亮每個月投資1萬元，一年投資12萬元（1萬元×12個月）買進台企銀（2834），每年平均殖利率為6%：

❶ 每年配息一次的複利效果（如**表3-3**），15年合計投資180萬，15年後複利的本利和為279萬元。

❷ 每半年配息一次的複利效果（如**表3-4**），15年合計投資180萬，15年後複利的本利和為285萬元。

❸ 每季配息一次的複利效果（如**表3-5**），15年合計投資180萬，15年後複利的本利和為288萬元。

　　由上面計算可得知，**投資180萬，15年後複利效果：季配複利效果最好，年配複利效果最差。**

表3-3 每年配息一次的複利效果

時間	每年投資金額	複利金額
1年	1萬元*12個月=12萬元	120,000元
2年	1萬元*12個月=12萬元	247,200元
3年	1萬元*12個月=12萬元	382,032元
4年	1萬元*12個月=12萬元	524,953元
5年	1萬元*12個月=12萬元	676,451元
6年	1萬元*12個月=12萬元	837,038元
7年	1萬元*12個月=12萬元	1,007,260元
8年	1萬元*12個月=12萬元	1,187,696元
9年	1萬元*12個月=12萬元	1,378,957元
10年	1萬元*12個月=12萬元	1,581,695元
11年	1萬元*12個月=12萬元	1,796,597元
12年	1萬元*12個月=12萬元	2,024,392元
13年	1萬元*12個月=12萬元	2,265,856元
14年	1萬元*12個月=12萬元	2,521,807元
15年	1萬元*12個月=12萬元	2,793,116元

表3-4 每半年配息一次的複利效果

時間	期數	每半年投資金額	複利金額
1年	1期	1萬元*6個月=6萬元	60,000元
	2期	1萬元*6個月=6萬元	121,800元
2年	3期	1萬元*6個月=6萬元	185,454元
	4期	1萬元*6個月=6萬元	251,018元
3年	5期	1萬元*6個月=6萬元	318,548元
	6期	1萬元*6個月=6萬元	388,105元
4年	7期	1萬元*6個月=6萬元	459,748元
	8期	1萬元*6個月=6萬元	533,540元
5年	9期	1萬元*6個月=6萬元	609,546元
	10期	1萬元*6個月=6萬元	687,833元
6年	11期	1萬元*6個月=6萬元	768,468元
	12期	1萬元*6個月=6萬元	851,522元
7年	13期	1萬元*6個月=6萬元	937,067元
	14期	1萬元*6個月=6萬元	1,025,179元
8年	15期	1萬元*6個月=6萬元	1,115,935元
	16期	1萬元*6個月=6萬元	1,209,413元
9年	17期	1萬元*6個月=6萬元	1,305,695元
	18期	1萬元*6個月=6萬元	1,404,866元
10年	19期	1萬元*6個月=6萬元	1,507,012元
	20期	1萬元*6個月=6萬元	1,612,222元
11年	21期	1萬元*6個月=6萬元	1,720,589元
	22期	1萬元*6個月=6萬元	1,832,207元
12年	23期	1萬元*6個月=6萬元	1,947,173元
	24期	1萬元*6個月=6萬元	2,065,588元
13年	25期	1萬元*6個月=6萬元	2,187,556元
	26期	1萬元*6個月=6萬元	2,313,183元

14年	27期	1萬元*6個月=6萬元	2,442,578元
	28期	1萬元*6個月=6萬元	2,575,855元
15年	29期	1萬元*6個月=6萬元	2,713,131元
	30期	1萬元*6個月=6萬元	2,854,525元

表3-5 每季配息一次的複利效果

時間	期數	每季投資金額	複利金額
1年	1期	1萬元*3個月=3萬元	30,000元
	2期	1萬元*3個月=3萬元	60,450元
	3期	1萬元*3個月=3萬元	91,357元
	4期	1萬元*3個月=3萬元	122,727元
2年	5期	1萬元*3個月=3萬元	154,568元
	6期	1萬元*3個月=3萬元	186,887元
	7期	1萬元*3個月=3萬元	219,690元
	8期	1萬元*3個月=3萬元	252,985元
3年	9期	1萬元*3個月=3萬元	286,780元
	10期	1萬元*3個月=3萬元	321,082元
	11期	1萬元*3個月=3萬元	355,898元
	12期	1萬元*3個月=3萬元	391,236元
4年	13期	1萬元*3個月=3萬元	427,105元
	14期	1萬元*3個月=3萬元	463,511元
	15期	1萬元*3個月=3萬元	500,464元
	16期	1萬元*3個月=3萬元	537,971元
5年	17期	1萬元*3個月=3萬元	576,041元
	18期	1萬元*3個月=3萬元	614,681元
	19期	1萬元*3個月=3萬元	653,901元
	20期	1萬元*3個月=3萬元	693,710元

6年	21期	1萬元*3個月=3萬元	734,116元
	22期	1萬元*3個月=3萬元	775,127元
	23期	1萬元*3個月=3萬元	816,754元
	24期	1萬元*3個月=3萬元	859,006元
7年	25期	1萬元*3個月=3萬元	901,891元
	26期	1萬元*3個月=3萬元	945,419元
	27期	1萬元*3個月=3萬元	989,600元
	28期	1萬元*3個月=3萬元	1,034,444元
8年	29期	1萬元*3個月=3萬元	1,079,961元
	30期	1萬元*3個月=3萬元	1,126,160元
	31期	1萬元*3個月=3萬元	1,173,053元
	32期	1萬元*3個月=3萬元	1,220,649元
9年	33期	1萬元*3個月=3萬元	1,268,958元
	34期	1萬元*3個月=3萬元	1,317,993元
	35期	1萬元*3個月=3萬元	1,367,763元
	36期	1萬元*3個月=3萬元	1,418,279元
10年	37期	1萬元*3個月=3萬元	1,469,553元
	38期	1萬元*3個月=3萬元	1,521,597元
	39期	1萬元*3個月=3萬元	1,574,421元
	40期	1萬元*3個月=3萬元	1,628,037元
11年	41期	1萬元*3個月=3萬元	1,682,457元
	42期	1萬元*3個月=3萬元	1,737,694元
	43期	1萬元*3個月=3萬元	1,793,760元
	44期	1萬元*3個月=3萬元	1,850,666元
12年	45期	1萬元*3個月=3萬元	1,908,426元
	46期	1萬元*3個月=3萬元	1,967,052元
	47期	1萬元*3個月=3萬元	2,026,558元
	48期	1萬元*3個月=3萬元	2,086,957元

13年	49期	1萬元*3個月=3萬元	2,148,261元
	50期	1萬元*3個月=3萬元	2,210,485元
	51期	1萬元*3個月=3萬元	2,273,642元
	52期	1萬元*3個月=3萬元	2,337,747元
14年	53期	1萬元*3個月=3萬元	2,402,813元
	54期	1萬元*3個月=3萬元	2,468,855元
	55期	1萬元*3個月=3萬元	2,535,888元
	56期	1萬元*3個月=3萬元	2,603,926元
15年	57期	1萬元*3個月=3萬元	2,672,985元
	58期	1萬元*3個月=3萬元	2,743,080元
	59期	1萬元*3個月=3萬元	2,814,226元
	60期	1萬元*3個月=3萬元	2,886,440元

02 存股存什麼股？還能存嗎？

🪙 台股上了**12,682**點，還可以存股嗎？

台股指數在2020年7月30日，收盤價正式突破1990年2月12日所創下的歷史高點12,682點，來到12,691點。此時很多存定存股的投資人一定會問，現在還可以定期定額存定存股嗎？

我的答案是：是的，肯定可以。

思維跟之前一樣，在美國、日本及歐盟等國同時實施無限QE的情況下，如果投資人在經過一年後再看現在的台股，台股還是相對低點。簡單來說，未來一年，我認為大部分的個股股價還是會往上漲。

實施無限QE的威力到底有多大？

首先看看美國10年期公債殖利率，在2020年8月4日僅剩下0.51%，而美國10年期公債期貨價格來到140.33美元，創下歷史新高。

再看看黃金現貨價格，同樣在2020年8月7日達到五十年來新高：每盎司2069.3美元，黃金期貨盤價則在8月6日同樣創下2069.4美元／盎司的高點。看到黃金價格創下歷史新高，許多評論黃金專家們都用過去思維評論此現象，也就是一致認為黃金價格創新高是來自於市場上避險需求。

我倒不這麼認為。

所謂黃金會產生避險需求，是來自於石油價格大幅上漲，造成美元購買力大幅下降，為了保值才買進黃金。目前石油價格還在歷史上的低檔位置，黃金就沒有避險的需求。

我認為黃金價格創歷史新高，是來自於市場資金氾濫。換言之，幾乎所有金融商品放在「資金氾濫的風口上」，都必將大漲。

公債與黃金同時創歷史新高，房地產也不例外，股票更是如此。

以下就來檢驗看看，我之前對於美國、日本及歐盟等國同時實施無限QE所進行的分析，到底方向對不對。

　　2020年3月19日，在新型冠狀病毒肆虐下，台股指數與全球股市同步大幅下跌，指數來到波段最低點8,523點。

　　2020年3月14日，我在東森的直播節目「雲端最有錢」中曾預測：全球股市與台灣股市，將隨著美國等國家實施接近零利率與無限QE，上演一段「無基之彈」（指沒有基本面的支撐，股價上卻大幅上漲）。果真在4月30日盤中，台股突破11,000點，接著台股指數在11,000點上下震盪約一個月。

　　2020年5月24日，我又在「雲端最有錢」中預測：指數來到因新型冠狀病毒導致開始大跌的季線扣抵位置，台股指數將有機會站穩11,000點，往上攻擊，時間就在6月初。果真，6月3日台股展開另一段波段的攻擊，指數一口氣上漲，站穩12,000點。

圖3-1 因新型冠狀病毒導致大跌，指數來到季線扣抵位置示意圖

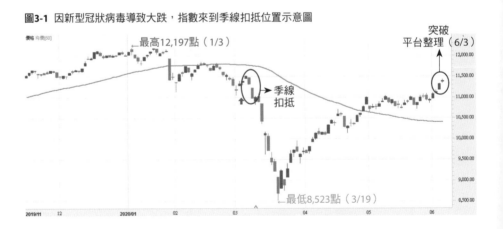

如168頁**圖3-1**左側圓框範圍所示,指數來到了因新型冠狀病毒而大跌的季線扣抵位置;右側圓框中,指數則在6月3日突破平台整理區。

我為什麼可以如此準確地預言?

原因很簡單,因為資金氾濫,讓我能應用季線扣抵的概念,做出正確的預測。這樣的成果,不禁讓我感到有點驕傲。

在此,我還要再次進行大膽預言:過了一年後,回頭再看台股指數12,682點,將會是相對低點。我認為未來台股的走勢可分為三個階段:

❶ 初升段

美國總統大選之前,台股指數以「初升段」視之。

❷ 主升段

美國總統選舉結果確定之後,台股指數將以「主升段」視之。

❸ 末升段

在美國聯準會開始升息之後，台股指數以「末升段」視之。

💲 做一個快樂的投資人

要做一個快樂的投資人，首先要有正確的投資態度與觀念。如同先前所述，投資前必須了解自己是要賺資本利得（價差）或是存定存股。若要賺資本利得，當然要選擇未來成長性高的產業與個股，而且必須股性活潑、股價波動大，例如5G概念股、綠電概念股或生技概念股，而不是牛皮股。不過，選擇這樣的產業與個股，勢必也會為投資人帶來不可預測的歡喜及憂慮。

不想天天盯盤、心情起伏不定，就要選擇存定存股，利用時間複利的效果來創造財富。選股條件必須著眼於以下要點：

❶ 公司不會倒閉

❷ 每年穩定配發現金股利

❸ 現金殖利率穩定

❹ 殖利率高於銀行定存

台股中，符合上述條件的個股應該不少，而我始終認為金融業，特別是官股銀行，要比其他符合定存股條件的個股更為穩當，原因有兩個：

第一，金融股大都是低價股，股價約在10元至30元間，縱使買在相對高點，股價漲回原本買進價位的機率相當高。

之前我曾提到，股票市場永遠存在投資人無法預期的風險，或許投資人可以把它視為「個股的黑天鵝」。「個股的黑天鵝」發生在金融股的機率，相對於其他類股，可說是非常低，幾乎不可能出現存定存股時最擔心的狀況——「股價回不去」。

第二，近幾年是銀行體質最好的時期，這點可以從銀行逾期放款比率、資本適足率及呆帳覆蓋率來驗證。

以下就來檢視一下目前金融股股價：

大部分金融股價目前（2020年7月）都來到了新型冠狀病毒發

生前高點附近的位階。例如，第一金（2892）在新型冠狀病毒爆發前，股價最高為24.8元（2月20日），2020年7月31日股價來到23.6元，距離高點24.8元僅差1.2元。

從本益比的角度來分析，第一金的股價突破24.8元後，持續上漲的推測是相當合理的。

此外，3月下旬央行降息，讓許多所謂的財經專家不建議將金融股作為定存股標的。但實際上，央行降息對銀行獲利影響並不大。

2020年3月，央行調降重貼現率1碼（0.25個百分點），重貼現率來到1.125%，創下歷史新低。什麼是重貼現率呢？當銀行拿手上現有的本票或匯票向央行借錢時，必須支付利息給央行，此利息就叫重貼現率。

到底央行調降重貼現率1碼對金融業影響有多大？

根據台灣金融研訓院研究所所長林士傑的評估，央行降息1碼，預估銀行放款利率將調降15個基本點（約為0.15%）、存款利率調降10個基本點（約為0.10%），淨利差將減少5個基本點（約為0.05%），存放款平均利差預估有1.27%。

進一步用2020年1月底國銀放款總額26.15兆,以及放款年增率平均5%計算,央行調降重貼現率1碼,將使得整體銀行業利息收入減少約137億元;若以金管會公布2019年國銀總獲利3,607億元來計算,獲利減少的程度約在3.8%左右。

林所長給我們的訊息是:央行降息對銀行的獲利影響並不大,但利率下降,還是會使得銀行股的本益比提高一些。

還記得前面章節我曾提到本益比的合理範圍嗎?再次強調,本益比應該用金融商品間的相對比較性來觀察。

從下頁**表3-6**可以看到,2019年金融股中的本益比,最低6倍,最高也只有17倍,縱使因降息及疫情影響,使台灣銀行業從2020第二季開始EPS均有調低,但是銀行業的本益比還是不高。進一步與銀行1年期定期存款利率與美國1年期公債殖利率所算出來的本益比進行比較:目前台灣銀行1年期定期儲蓄存款的利率約0.8%,換算本益比約125倍;而2020年7月31日美國1年期公債殖利率0.1%,換算本益比約1,000倍,可見台灣金融股的本益比相對非常低。

將金融股的本益比與銀行定存與公債等金融商品的比益比進行比較,可以預期:金融股的本益比將有提高的空間,股價也當然有機會突破近幾年的高點。因此存金融股作為定存股,將來不但能享受金融股的較高殖利率所創造出來的財富,還可賺到一些價差。

表3-6 2020年10月8日金融股的本益比

股號	股名	10月8日收盤價（元）	108年EPS（元）	本益比
2801	彰化銀	17.55	1.15	15
2809	京城銀	37.80	2.99	13
2812	台中銀	10.95	1.14	10
2834	台企銀	9.79	0.96	10
2836	高雄銀	10.05	0.71	14
2838	聯邦銀	10.20	0.99	10
2845	遠東銀	10.30	1.08	10
2849	安泰銀	14.35	1.13	13
2880	華南金	17.80	1.3	14
2881	富邦金	41.05	5.46	8
2882	國泰金	38.45	4.76	8
2883	開發金	8.60	0.88	10
2884	玉山金	25.35	1.7	15
2885	元大金	18.20	1.75	10
2886	兆豐金	28.00	2.13	13
2887	台新金	12.95	1.19	11
2888	新光金	8.12	1.34	6
2889	國票金	11.75	0.91	13
2890	永豐金	10.85	1.11	10
2891	中信金	18.35	2.16	8
2892	第一金	20.08	1.55	13
2897	王道銀	6.67	0.45	15
5820	日盛金	10.75	0.62	17
5876	上海銀	39.00	3.5	11
5880	合庫金	19.85	1.32	15

利用時間複利效果，靠穩健的存股方式來創造
財富，就能做個快樂的投資人。

💰 沒有不散的資金派對

接下來，存定存股的投資人應該會問：何時必須結束定期定額
的存股？

回答這個問題之前，我想先讓投資人了解過去萬點行情與現在
有何不同。

2017年5月11日，台股攻上萬點後，各大媒體時常看到台股即
將泡沫的聳動言論。隨著2020年3月冠狀病毒疫情發生後的「無基
之彈」，台股站上10,000點、11,000點甚至12,000點，這種聳動言論
的出現頻率只有越來越高。

可以預期，將來台股持續往上攻擊的過程中，「台股即將泡沫化」這論調仍然會持續充斥整個資本市場。

為什麼會如此？

原因在於大多數專業投資人，是以台股10,000點以上的歷史相對高點來分析現在的台股。但是從相對數字來看台股指數，這樣的想法是正確的嗎？

從1990年到2017年5月11日之前，這三十年期間，台股也只有三次上萬點的紀錄，且萬點維持天數都相當短，幾乎每次皆快速反轉向下，所以從相對數字來看，台股指數持續在萬點，風險確實相當大。

在此我要很清楚地向投資人提出一個概念：如果要從相對性來比較2020年這次的台股萬點行情，必須要建立在其他條件不變的狀況，才可以成立。但是現在其他條件都有很大的變化，尤其影響全球股市最重要的變數——利率，已經改變了。

比較過去三次的短暫攻上萬點、2017年5月，以及目前台股上萬點行情，最大的不同就在於現在是低利率，資金氾濫；反觀過去的萬點行情，都結束於高利率。

到此，投資人何時必須結束定期定額存股的答案，也就呼之欲出了。我認為當美國10年期公債殖利率來到3%時，存定存股的投資人可將所有股票賣掉，變為現金。

等待全球股市與台股再次崩盤，來到低點（當美國聯邦基金利率又來到1%以下，應該就是相對低點），再使用之前賣出持股變現的資金，投入定期定額的存股。

總之，天下沒有不散的筵席，股市也沒有不散的資金派對。

台股的環境變化：銀行的體質變好了

我在1990年進入華南銀行工作，2005年才離開銀行，赴日攻讀財務金融博士學位。任職銀行的十六年，大部分時間都在授信部門，也曾擔任過徵信、放款及催收等工作。當時銀行的獲利較不穩定，往往1月到11月的獲利還不錯，卻因12月大量打消呆帳，獲利減半。像銀行這種大起大落的狀況，對於投金融股的投資人來說，很難預測獲利。

1990年的台股是金融股與資產股當道，至少有五檔金融股股價攻上千元，包括一銀、華銀、彰銀（俗稱三商銀），股王國泰人壽

最高價來到1,975元；至於資產為題材的台火（9902）、華園飯店（2702）也漲到千元以上。

反觀目前金融股價約在10元至30元居多，相較於當時金融股股價都在千元附近，簡直不可同日而語。

現階段的金融體系，由於監管單位的嚴格監控，使金融股的體質變好了。對投資人來說，金融股的獲利相對穩定，風險自然相對降低。

放款利息收入是銀行最主要的獲利來源，放款的品質好壞攸關銀行的獲利與安全。因此「逾期放款比率」與「備抵呆帳覆蓋率」，最能作為評估銀行放款品質與銀行承受呆帳能力的重要參考指標。

想知道金融股的體質是否優良，可以從「逾期放款比率」與「備抵呆帳覆蓋率」兩個指標得知。

》逾期放款比率

逾期放款比率＝逾期放款÷放款總額

　　逾期放款是指超過一定期限未正常繳納本息的放款，用以顯示銀行的放款中，可能會面臨客戶無力償還本息的情況。逾期放款比率越高，表示銀行的放款品質越差。一般而言，逾期放款比率在3%以下，表示銀行的放款品質較佳。

　　如**表3-7**所示，銀行6月底的逾期放款比率中，合庫銀行、彰化銀行、台中銀行及台企銀的逾期放款比率超過0.3%。其中台企銀與合庫銀行因潤寅詐貸案[1]，逾期放款比率超過0.3%，但整體銀行平均逾期放款比率僅為0.25%。

表3-7 銀行6月底的逾期放款比率

公司	逾期放款比率	備　註
京城銀(2809)	0.01	
國泰金(2882)	0.13	國泰世華商業銀行
元大金(2885)	0.14	元大商業銀行
永豐金(2890)	0.16	永豐商業銀行
上海銀(5876)	0.17	
台新金(2887)	0.18	台新國際商業銀行
華南金(2880)	0.19	華南商業銀行
富邦金(2881)	0.19	台北富邦商業銀行
新光金(2888)	0.19	臺灣新光商業銀行
玉山金(2884)	0.19	
日盛金(5820)	0.26	日盛國際商業銀行
中信金(2891)	0.27	中國信託商業銀行

1　老牌貿易商潤寅集團負責人楊文虎、王音之夫妻，涉嫌長年偽造不實交易文件，以應收帳款融資向九家銀行詐貸高達386億元，創下史上銀行詐貸最高金額。

兆豐金(2886)	0.27	兆豐國際商業銀行
第一金(2892)	0.29	第一商業銀行
合庫金(5880)	0.38	合作金庫商業銀行
彰化銀(2801)	0.43	
台中銀(2812)	0.44	
台企銀(2834)	0.48	
銀行平均	0.25	

≫ 備抵呆帳覆蓋率

備抵呆帳覆蓋率＝備抵呆帳÷逾期放款（含催收）×100%

備抵呆帳是銀行為了可能的損失，提前進行準備。備抵呆帳覆蓋率越高，表示銀行承受呆帳的能力越強，獲利越穩定。

根據**表3-8**的2005年至2020年5月本國銀行備抵呆帳覆蓋率可得知，銀行備抵呆帳覆蓋率從2005年的49.89%，持續大幅提升至2020年5月的563.14%，這表示銀行承受呆帳的能力越來越強。

表3-8 2005年至2020年（5月）本國銀行備抵呆帳覆蓋率

年（月）	備抵呆帳覆蓋率%
2005	49.89
2006	58.83
2007	64.82

2008	69.48
2009	90.50
2010	158.07
2011	251.83
2012	274.09
2013	319.18
2014	516.38
2015	555.43
2016	502.93
2017	492.92
2018	575.44
2019	651.78
2020（5月）	563.14

≫ 金融股獲利與配股穩定

我們時常聽到一句話：「翻臉比翻書還快。」許多公司的財報比翻臉更快，例如：**表3-9**中的玉晶光（3406）2012年EPS高達9.04元，2013年卻轉盈為虧，EPS為－3.74元，連虧四年，一直到2017年才轉虧為盈，EPS大幅成長到10.5元。

TPK-KY（3673）2012年EPS高達44.33元，2015年卻大虧錢，EPS為－57.86元，連續虧兩年後，2017年轉虧為盈，EPS來到6.64元，但2018年與2019年的EPS分別為0.55元與0.51元，都不到1元。

表3-9 2012年至2019年玉晶光（3406）與TPK-KY（3673）每股盈餘

年度	2012	2013	2014	2015	2016	2017	2018	2019
玉晶光(3406)	9.04	-3.74	-6.95	-11.3	-1.54	10.5	9.38	24.79
TPK-KY(3673)	44.33	21.9	0.84	-57.86	-4.27	6.64	0.55	0.51

在上市上櫃公司中，類似的產業或個股到處皆是。此外，許多高科技公司可能因為產品推陳出新，新科技取代舊科技而失去競爭力，面臨衰退或倒閉的風險，例如宏達電（2498）就從最高1,300元股價，跌到最低24.4元。錸德（2349）也從最高355元股價，跌到最低2.2元。

學過會計學的投資人都知道，企業永續經營是會計學的基本假設。簡單的反向思考即可得知，企業要永續經營是相當不容易的，但存定存股一存可能就是十年以上，公司在這十年間還是有倒閉的風險，只是高與低的問題罷了。但是我相信，金融股存在的時間一定會比我們的生命更長！

總而言之，高科技產業變遷太快速，各領域的專業更是難懂，再加上國際間的競爭激烈，像台積電（2330）這種具有長期競爭優勢的公司，在台灣畢竟是可遇不可求，投資人在挑選存股標的時務必謹慎，如果不夠了解，寧可保守選擇金融股作為定存股。

好的存股公司，除了不能倒之外，也必須符合下列三個條件：

❶ 高殖利率

❷ 每年穩定發放股利

❸ 容易填息與填權

殖利率高，才能透過時間的複利效果創造財富。每年穩定配發股利，則代表投資的公司每年都賺錢，且願意把錢分給股東。在公司除息或除權後的股價，也要能夠漲回除息或除權時的價格，因為「填息與填權」，才代表存股人真的賺到了除息或除權的錢。

然而，在大部分存股人的觀念中，只有配息才算是存股的獲利。但是如果存股的標的公司股價只在10元至25元間，我認為配股的部分也可視為存股所賺到的錢。原因很簡單：低價股容易填息與填權，金融股尤其具有這樣的特性。

從**表3-10**可知，從105年至108年，二十四家金融股的EPS都為正數，代表是穩定賺錢的。

表3-10 105年至108年金融股的EPS

股號	股名	105年 EPS	106年 EPS	107年 EPS	108年 EPS	109年 配發股利	現金 股利	股票 股利
2801	彰化銀	1.28	1.24	1.27	1.15	0.80	0.40	0.40
2809	京城銀	4.17	4.89	2.51	2.99	1.50	1.50	0.00
2812	台中銀	1.07	1.08	1.12	1.14	0.80	0.28	0.52
2834	台企銀	0.85	0.79	1.14	0.96	0.70	0.20	0.50
2836	高雄銀	0.79	0.75	0.44	0.71	0.60	0.15	0.45
2838	聯邦銀	1.01	1.02	1.00	0.99	0.80	0.10	0.70
2845	遠東銀	1.02	0.87	1.05	1.08	0.74	0.468	0.275
2849	安泰銀	0.63	1.24	1.26	1.13	0.73	0.73	0.00
2880	華南金	1.28	1.04	1.20	1.30	1.12	0.56	0.56
2881	富邦金	4.73	5.19	4.52	5.46	2.00	2.00	0.00
2882	國泰金	3.79	4.47	3.95	4.76	2.00	2.00	0.00
2883	開發金	0.40	0.80	0.54	0.88	0.60	0.60	0.00
2884	玉山金	1.40	1.40	1.47	1.70	1.59	0.791	0.797
2885	元大金	1.16	1.37	1.59	1.75	1.05	0.65	0.40
2886	兆豐金	1.65	1.89	2.07	2.13	1.70	1.70	0.00
2887	台新金	1.09	1.10	1.07	1.19	0.80	0.57	0.23
2888	新光金	0.48	1.03	0.89	1.34	0.40	0.40	0.00
2889	國票金	0.77	0.85	0.71	0.91	0.82	0.65	0.17
2890	永豐金	0.75	0.81	0.84	1.11	0.70	0.70	0.00
2891	中信金	1.43	1.91	1.85	2.16	1.00	1.00	0.00
2892	第一金	1.42	1.25	1.39	1.55	1.35	1.05	0.30
5820	日盛金	0.40	0.65	0.69	0.62	0.54	0.38	0.16
5876	上海銀	4.29	3.04	3.37	3.50	2.05	2.05	0.00
5880	合庫金	1.13	1.14	1.21	1.32	1.15	0.85	0.30

根據**表3-11**的105年至109年金融股平均總值利率（配息與配股都算入），二十四家金融股的105年、106年、107年、108年及109年平均總殖利率分別為6.34%、5.55%、5.69%、5.21%及5.7%，這代表金融股年配息配股相當穩定，且都在5%以上，是定存股的最好標的。

表3-11 105年至109年金融股的平均總殖利率

股號	股名	平均殖利率(%)				
		105年	106年	107年	108年	109年
2801	彰化銀	5.79	5.36	4.84	4.14	3.91
2809	京城銀	2.08	4.78	4.43	4.67	4.46
2812	台中銀	7.35	7.40	6.80	6.82	6.90
2834	台企銀	7.33	4.82	6.87	6.45	6.34
2836	高雄銀	6.20	6.27	5.34	5.19	6.27
2838	聯邦銀	4.48	4.94	7.12	6.48	7.39
2845	遠東銀	6.48	6.83	7.05	6.11	6.73
2849	安泰銀	4.39	4.55	4.33	6.82	5.02
2880	華南金	7.79	7.10	5.37	5.35	5.60
2881	富邦金	4.77	4.12	4.53	4.47	4.71
2882	國泰金	5.11	4.05	4.79	3.53	5.03
2883	開發金	6.29	5.70	5.62	3.12	6.72
2884	玉山金	7.95	6.64	5.90	5.63	5.81
2885	元大金	3.24	3.42	3.85	4.96	5.88
2886	兆豐金	6.57	5.87	5.76	5.81	5.52
2887	台新金	10.30	7.29	6.90	5.11	6.03
2888	新光金	0.00	3.24	4.26	2.16	4.42

2889	國票金	6.70	7.63	7.50	5.22	7.29
2890	永豐金	9.97	7.43	6.57	5.29	5.92
2891	中信金	9.45	5.20	5.08	4.77	4.89
2892	第一金	8.59	7.32	4.93	5.01	6.03
5820	日盛金	7.82	1.08	8.19	8.79	5.66
5876	上海銀	-	-	4.61	3.95	4.51
5880	合庫金	7.11	6.69	5.94	5.23	5.67
平均殖利率		6.34	5.55	5.69	5.21	5.70

》隨時存金融股都是好時機

許多存股的投資人，存股時，往往一遇到股價往下跌時，就開始沒信心，因而懷疑這樣定期定額的存股方式對嗎？這是一個非常好的問題。

如果你存的標的不是金融股，而是其他產業，這樣的思維不見得不對，因為很多個股股價若持續往下跌，最後可能無法回到你買進的價位，也就是回不去了。

若以目前金融股個股價位，投資人任何時間買進，只要時間拉長，最後股價都有機會回到你買進的價位，更不用說是回到你投資的平均價格，這是存金融股的好處。

以第一金（2892）為例，這檔股票近二十年的股價約在15元至25元間盤整，縱使現在以25元開始買進，十年內回到25元應該沒問題。更何況投資人的平均成本，一定是比最初買進25元的價格來得低。

如下圖所示，如果投資人從25元開始買進，股價跌到最低15元，最後股價又回到25元，投資的平均成本為：

- 25＋24＋23＋22＋21＋20＋19＋18＋17＋16＋15＋16＋17＋18＋19＋20＋21＋22＋23＋24＋25）÷21＝20.23元

十年後，（25元－20.23元）×1,000股＝4,770元，亦即你投資的每一張第一金股票的資本利得為4,770元，而且除了資本利得外，投資還有複利所創造出來的股利收入。

第一金存股預測圖

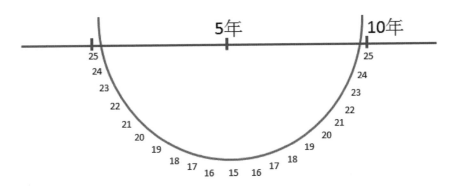

2020年有許多金融股沒有填息，讓不少投資人失望，但投資人要清楚了解，只要股價回到投資時的平均成本，就是一次全部填息。

近幾年投資人前仆後繼投入存定存股的行列，存股頓時變成顯學，原因在2008年發生金融海嘯，台股指數跌至3,955的低點，當時有些投資人第一次定期定額存股，由於適逢低點，台股指數在美國實施量化寬鬆貨幣政策之下，在2017年5月站上萬點之後，期間雖有幾個月跌破萬點之下，台股指數都在萬點之上，當然存股的投資人一路買，股價也一路往上漲，這樣不但讓投資人有信心持續存股，投資人也可賺取價差與股息，期間報酬率相當高，也造就近幾年的存股達人。

目前全球處於接近零的低利率水準下，短期內全球股市要大崩跌機率，我認為非常小，如果投資人要等到台股大崩跌時才要存定存股，可能是五年後或是十年後，但期間投資人就無法享有五年或是十年的時間複利效果了。

03 我的存股絕招：操作定存股

 「存股」與「存定存股」的差別

一般而言，投資基金有兩種方式，一為「**單筆投資**」，一為「**定期定額**」。

「單筆投資」是一次拿出一筆金額，選擇適當時點買進基金，目的是在高點時獲利了結。

「定期定額」如其名，每隔固定一段時間，買進一筆固定的金額，不管市場漲跌，運用長期平均法降低成本。

也就是說，「存定存股」如投資基金定期定額，定期定額買進股票，以時間複利創造財富；「存股」就如投資基金單筆投資，但目的跟投資基金賺價差有所不同，存股目的就是將每年配發股利的錢，作為退休後的生活費，也就是除了退休金以外的被動收入。

什麼樣的族群適合存股？即將退休或已退休養老的族群。

存股要創造更優渥的股利，就一定要買得夠便宜，最好買在黑天鵝來臨、股市大跌時。因此，存股投資人一定要學會等待時機。

我認為即將退休的族群，在退休的前五年就要開始準備存股。如果股市在退休前五年的期間發生大跌，出現好買點的話，就算還沒有領到退休金，仍可以先把房屋拿去銀行抵押貸款存股。以目前低利率的情況，這五年內應該還有套利空間，屆時取得退休金，再償還銀行的貸款也無妨。如果市場持續低利率的現象，也可選擇繼續套利。換言之，就算借錢存股都很划算。

這裡再次強調，存股投資人要存股或套利，一定要選擇金融股。

2020年台股指數因新型冠狀病毒崩盤，2020年3月19日，指數來到最低點8,523點，同時台企銀（2834）股價最低點也來到8.56元，如果此時能以9元以下的價位買進存股，將來平均殖利率應該很容易達到6%以上。

再次強調，存股一定要買得夠低，買得夠低就是定海神針，讓你退休後不必為錢煩惱。

什麼是「操作定存股」？

「存定存股」與「操作定存股」有何不同？

首先，兩者適用的時機不一樣：

- **存定存股──定存股股價在相對低檔區時**

- **操作定存股──定存股股價在相對高低檔區時皆可**

存定存股，是指每個月在固定時間買進同樣金額的股票，也就是所謂的定期定額。方法簡單又輕鬆，但缺點是買進股價價位有時非常不漂亮，降低獲利空間。

操作定存股，則是把每個月想要買股的錢先存起來，再依照某個技術指標，適時定額地買進股票，主要目的是希望在某個期間內，買到股價相對低的定存股，獲取更高報酬率，特別是當股價在相對高點時。

例如：利用KD指標作為買賣點，當KD指標的K值在30以下才買進。以下將以第一金控（2892）為例。

圖**3-2** 第一金控（2892）K值在30以下為買進訊號

如下方KD指標所示，三個圓形框框中，K值均低於30，因此皆為買進的區域。

❯❯ 自創金融ETF

問題來了，如果只以一檔個股作為操作定存股的標的，很可能好幾個月都等不到買點。為了爭取更多買進的機會，我們可以將多檔金融股作為操作定存股的標的，類似自創金融ETF的概念。如此一來，也可以分散風險。

我以第一金控（2892）、台企銀（2834）、玉山金控（2884）、國票金（2889）及群益期（6024）五檔自創金融股ETF為例，只有當這五檔個股KD指標的K值在30以下才買進。當這幾檔個股同時都出現買點時，就按照個股的權重買進。如果沒有買進的點，就每把個月預定要存股的錢先存在活期帳簿中。

表3-12 自創金融股ETF

股號	股名	權重	平均殖利率(%)				
			105年	106年	107年	108年	109年
2892	第一金	20%	8.59	7.32	4.93	5.01	6.03
2834	台企銀	20%	7.33	4.82	6.87	6.45	6.34
2884	玉山金	20%	7.95	6.64	5.9	5.63	5.81
2889	國票金	20%	6.7	7.63	7.5	5.22	7.29
6024	群益期	20%	6.87	5.54	7.23	7.54	4.84

>> 如何選擇標的

銀行獲利來源，主要是存放款利差與財富管理的手續費收入兩類，前者是公股行庫較擅長，後者民營金控著墨較多，所以選擇公股行庫的第一金控（2892）與純銀行股的台企銀（2834），109年總殖利率分別為6.34%與6.03%。民營玉山金（2884）109年總殖利率5.81%，則是金控股中的資優生。

　　除了公營行庫，金融股中還有能憑藉穩健經營或特殊利基、安穩度過不景氣，而且每年配息大方的標的，例如以票券業為主的國票（2889）等。經營規模雖然不能和金控相比，但109年總殖利率高達7.29%，也是存股的好標的。

　　除了壽險、銀行，冷門股的期貨業也值得列入定存股標的，例如群益期（6024）。當黑天鵝出現，導致全球股市大幅波動時，大批資金就會湧向期貨市場避險，帶動期貨公司手續費收入大增。縱使沒有黑天鵝，群益期的公司獲利、配息也都相當穩定，105年至108年殖利率都在5.5%以上，這種具有獨特利基、又有高門檻的公司，很適合作為存股標的。

存股實戰：「操作定存股」的方法

司馬懿每個月以10,000元作為操作定存的金額，目前累積30,000元存在帳戶。

① 如果只有一檔個股符合買進標準，就買進一檔，扣掉10,000元，剩下20,000元繼續存在帳戶，等待買進時機。

② 如果有二檔符合買進的標準時，就買進二檔，扣掉20,000元，剩下10,000元繼續存在帳戶，等待買進時機。

③ 如果有三檔符合買進的標準時，就買進三檔，扣掉30,000元。

④ 如果有四檔符合買進的標準時，就買進四檔，每檔個股買進的金額為7,500元。

⑤ 如果有五檔符合買進的標準時，就買進五檔，每檔個股買進的金額為6,000元。

接下來，如**圖3-3**至**圖3-6**所示，在圖中下方的紫色圓框內，KD指標的K值都在30以下，可視為買進訊號。

圖3-3 台企銀（2834）K值在30以下為買進訊號

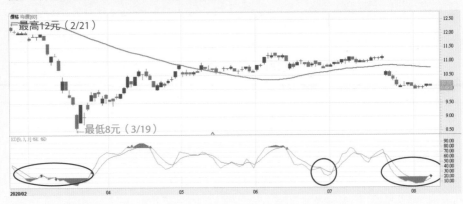

圖3-4 玉山金（2884）K值在30以下為買進訊號

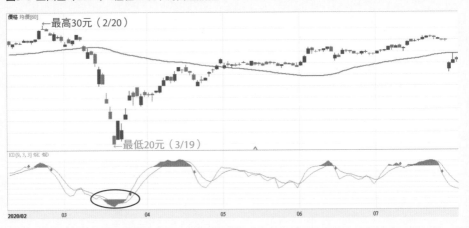

圖3-5 國票金（2889）K值在30以下為買進訊號

圖3-6 群益期（6024）K值在30以下為買進訊號

中華電信、中鋼、高鐵及鴻海還值得存嗎？

忘了吧！有些人、事、物，相見不如懷念，尤其是投資人啊，不要一直緬懷過去的豐功偉業，宏達電（2498）、宏碁（2353）⋯⋯這些個股，就留在過去吧！

2010年11月，我有一個朋友要嫁女兒，想送女兒一輛價值約90萬元的轎車作為嫁妝。這位朋友有八檔股票，其中宏碁股票持有十張。到底該賣哪一檔股票，他思考很久，最後決定以94元的價位賣掉宏碁。這個決定，讓他逃過了宏碁在2010年12月9日股價來到99.4元後，隨即反轉往下崩跌至27.3元的命運。

後來，我對朋友開玩笑：「還好你有賣掉宏碁，否則現在賣掉的話，只能買到轎車的四個輪子。」

重點來了，在宏碁股價崩跌期間，融資水位持續大幅增加，這說明了，許多曾經投資宏碁賺到錢的散戶一直往下攤平，大多數人總是一直緬懷過去的豐功偉業，沒有向前看。

我時常到各地演講，每次都會有聽眾問起：中華電信

（2412）、中鋼（2002）、鴻海（2317）、0050及0056是否可以作為存定存股的標的？

我的答案是：這些標的都是過去式了。

💲 中華電（2412）還能集三千寵愛在一身嗎？

作為定存股的好標的，中華電可說是集三千寵愛在一身，因為：

❶ 過去產業是獨占的。

❷ 資本與技術密集，進入門檻較高。

❸ 服務商品是民生必需品，不受股市崩盤的影響。

❹ 獲利與配息都相當穩定。

可是現在要以中華電作為退休養老股已不可靠，原因有二：

❶ 中華電已經從過去的獨占變成寡占產業。

❷ 各家電信紛紛推出上網吃到飽促銷方案，造成中華電傳統
業務持續衰退。此外，**4G**投資還未完全回收，隨著時代變
遷快速，又不得不面臨**5G**的挑戰，而**5G**的標金極有可能是
另一個「錢坑」。

　　這兩個利空反映在中華電上，導致連續五年在EPS與殖利率都
快速下滑，EPS從2015年的5.52元下降至2019年的4.23元；殖利率
也從2016年的5%下滑至2020年的3.85%，跌破4%的關卡。

表3-13 中華電（2412）2010年至2020年的EPS與年平均殖利率

年度	EPS (元)	股價統計(元)			年平均殖利率(%)		
		最高	最低	年均	現金	股票	合計
2020		117	103	110	3.85	0	3.85
2019	4.23	114	106	110	4.06	0	4.06
2018	4.58	115	104.5	109	4.4	0	4.4
2017	5.01	111	99.5	104	4.74	0	4.74
2016	5.16	125.5	97.9	110	5	0	5
2015	5.52	101	92.1	97.8	4.97	0	4.97
2014	4.98	96.9	89.8	93	4.86	0	4.86
2013	5.12	102	90	94.1	5.68	0	5.68
2012	5.14	101	87.5	92.2	5.92	0	5.92
2011	6.04	111	72.7	96.2	5.74	0	5.74
2010	4.91	79	57.9	66.1	6.15	0	6.15

中鋼（2002）今非昔比！

中鋼的股價在2001年來到最低點11元，我在股價約13元附近買了三百張，賣在股價19元左右。買中鋼其實並不是為了存股，當時也不知道什麼叫存股。2001年之前，銀行的定存利率都還在6%以上，許多優惠存款利率之高，就更不用講了。存股在當時並不流行。

中鋼股價之所以一路水漲船高，主要是拜2000年後中國鐵路、公路、機場、水利等重大基礎設施建設如火如荼展開，對鋼鐵需求大幅提高所賜。2008年5月，股價最高來到54.4元。在2008年前中鋼的平均殖利率相當高，投資不但賺了股息，期間還能賺進龐大的價差，再加上許多新聞大力吹捧：「買中鋼可以作為養老金！」在媒體的推波助瀾下，許多散戶就在景氣高峰時跳下來買中鋼，卻不知道鋼鐵是景氣循環產業。

表3-14 中鋼（2002）2010年至2020年的EPS與年平均殖利率

年度	EPS (元)	股價統計(元)			年平均殖利率(%)		
		最高	最低	年均	現金	股票	合計
2020		24.1	18.35	21	2.38	0	2.38
2019	0.57	25.5	22.8	24.2	4.13	0	4.13
2018	1.58	25.55	23.2	24.2	3.64	0	3.64

2017	1.09	26.4	23.65	24.9	3.41	0	3.41
2016	1.04	25.9	17.05	21.8	2.29	0	2.29
2015	0.49	26.75	16.75	22.8	4.39	0	4.39
2014	1.43	27	24.6	25.7	2.72	0.78	3.5
2013	1.05	28.4	23	25.9	1.55	0.39	1.93
2012	0.38	30.9	24	27.6	3.66	0.54	4.2
2011	1.36	35.8	26.85	32	6.22	1.56	7.78
2010	2.83	35.8	29.25	31.9	3.17	1.03	4.2
2009	1.54	33	21	27.7	4.7	1.55	6.25
2008	2.03	54.4	19.2	39.7	8.81	0.76	9.57
2007	4.49	52	32.6	40.6	6.84	0.74	7.58
2006	3.56	34.95	24.4	29.7	12.6	1.18	13.78
2005	4.83	37.55	23.15	30.8	12.7	1.62	14.32
2004	5.26	37.4	27	32.5	9.24	1.08	10.32
2003	3.94	28.7	18.9	24.2	5.78	0.62	6.4
2002	1.86	21.2	13.6	16.9	4.73	1.18	5.91
2001	0.82	21.8	11	16.2	9.25	1.85	11.1
2000	2.12	26.8	17	21.6	6.03	0.93	6.96

　　值得注意的是，事實上，國際鋼鐵市場競爭激烈，鋼鐵業很容易受到國際競爭態勢影響，廝殺的結果導致獲利下降。2003年至2007年五年間，是中鋼獲利最好的時期，EPS平均約在4.4元，平均殖利率更高達11%。但近五年的EPS約在1元上下，將來EPS為1元左右勢必成為一種常態。不論是透過國際競爭力、獲利、配息穩定度、殖利率來評估中鋼，都可以確知：中鋼已經不適合存股族。

台灣高鐵（2633）營收與獲利有極限

　　台灣高鐵載客率有其局限，就如同一家大飯店有一百間房間，飯店最大容客率就是一百間房間，所以飯店的最大營收就是一百間房間全部被訂滿。當然，房間價格可以調漲，營收也會增加，但是高鐵是公共運輸工具，要提高票價不容易。簡單來說，高鐵的股價近期雖大漲，但長遠看來，高鐵的營收與獲利很難持續增長。

≫ 折舊攤提方法改變

　　高鐵從2011年開始轉虧為盈，除了載客數持續增加，還拜營業成本中的折舊費用大幅下降所賜。高鐵特許經營期限為三十五年，去除前期建造時期，按規定須於二十六年內，提列約4,800億元硬體設施的折舊費用，平均每年必須提列約185億元。

　　2009年起，高鐵固定資產折舊方法由直線法改為運量百分比法，將折舊費用與載客量掛鉤，載客量未達目標，折舊費用打折計算，因此2009年折舊費用僅列82億元。高鐵去年大賺106億元，最主要的原因在於改變折舊方法，原本2008年折舊金額高達189億元，改變折舊方法後，2018年與2019年的折舊金額分別僅為3.5億元與4億元。

　　從**表3-15**可以得知，高鐵年均殖利率最高也不過是3.5%，以殖利率來評估就可以發現，高鐵並不適合存股族。

表3-15 台灣高鐵（2633）2005年至2020年的EPS與年平均殖利率

年度	EPS (元)	股價統計(元)			年平均殖利率(%)		
		最高	最低	年均	現金	股票	合計
2020		39.95	25.95	34.6	3.5	0	3.5
2019	1.42	47	29.85	37.5	2.99	0	2.99
2018	1.9	33.3	21.4	25.6	2.93	0	2.93
2017	0.95	27.5	18.4	23.5	2.56	0	2.56
2016	0.74	24.8	18.15	19	3.42	0	3.42
2015	7.19	-	-	-	-	-	-
2014	0.55	-	-	-	-	-	-
2013	0.21	-	-	-	-	-	-
2012	0.25	-	-	-	-	-	-
2011	0.59	-	-	-	-	-	-
2010	-0.48	-	-	-	-	-	-
2009	-1.03	-	-	-	-	-	-
2008	-4.58	-	-	-	-	-	-
2007	-6.1	-	-	-	-	-	-
2006	-1.32	-	-	-	-	-	-
2005	-1.03	-	-	-	-	-	-

鴻海（2317）股價有隱憂

台股突破三十年前高點12,682點，鴻海股價卻長期在原地打轉。鴻海股價長期的弱勢背後，存在著隱憂，當然也就不適合作為定存股。

≫ 隱憂一：減資股價不漲

從**表3-16**可以得知，鴻海（2317）近十年來，每年的EPS都高達8元以上，且2019年與2020年平均殖利率分別為5.28%與5.1%，都超過5%。但是2018年與2019年EPS維持在8元，是來自公司在2018年減資兩成，如果沒有減資，鴻海的EPS就無法維持在8元，股價極可能比現在還低。公司殖利率超過5%，也是來自減資後，公司股價不漲。

表3-16 鴻海（2317）2005年至2020年的EPS與年平均殖利率

年度	EPS (元)	股價統計(元)			年平均殖利率(%)		
		最高	最低	年均	現金	股票	合計
2020		93.4	65.7	79.5	5.28	0	5.28
2019	8.32	97.2	67	78.4	5.1	0	5.1
2018	8.03	97.4	67.6	82.7	2.42	0	2.42
2017	8.01	122.5	83	103	4.37	0	4.37
2016	8.6	90.1	72.5	81.3	4.92	1.23	6.15

2015	9.42	99.7	77.9	89.1	4.27	0.56	4.83
2014	8.85	113	78.9	93.3	1.93	1.29	3.22
2013	8.16	89.9	68.8	78.5	1.91	1.27	3.18
2012	8.03	117	79	92.1	1.63	1.09	2.72
2011	7.65	126.5	61.5	92.9	1.08	1.08	2.16
2010	8.01	155.5	106	127	1.58	0.95	2.53
2009	8.84	151.5	58.4	106	1.04	1.42	2.46
2008	7.44	202	52.6	141	2.12	1.06	3.18
2007	12.35	300	169	239	1.26	0.84	2.10
2006	11.59	243	176.5	208	1.44	0.96	2.40
2005	10.21	187.5	134	156	1.56	1.25	2.81

≫ 隱憂二：中國立訊直接挑戰鴻海

近年來在中國崛起的立訊，正在聯合戰友，意圖搶奪鴻海集團的客戶。立訊成立於2004年，董事長王來春從生產PC連接器起家，再透過收購崑山聯滔，進入蘋果供應鏈，而後再進軍天線、無線充電、線性馬達、聲學器件等模組產品，甚至收購台灣的宣德，到了2017年進入整機製造，在業務不斷擴充之下，逐漸成為電子代工的鉅型企業。

緯創、鴻海富士康、和碩是蘋果iPhone最大代工廠，也是全球三大ODM代工廠之一，如今立訊收購了中國緯創的生產線，準備在崑山擴產，這是不是要直接挑戰鴻海？後續動向值得注意。

　　回想當年，鴻海由連接器代工開始，一路開疆闢土，積極爭取各種代工業務，尤其在進入NB代工時，即直接與台灣的廣達、仁寶，產生競爭關係，一直到蘋果iPhone的代工，成就了鴻海帝國。

　　但現在情況好像不一樣了。努力扎根，甚至往雲端事業發展的廣達，股價開始超越鴻海，這是一個重要轉折。再看到台積電的股價也一路上升，2020年創下歷史最高的股價466.5元，逐漸逼近500元。

　　不論是廣達或台積電，股價紛紛創下新高，對照鴻海股價相對弱勢，這種差異性越來越明顯。

　　一直以來，鴻海不斷分割旗下業務、掛牌上市。反觀台積電，不斷地集中資源，持續增強實力，與一再分散力量的鴻海，形成完全不同的方向。現在可以看到，不僅聯發科的市值超越鴻海，廣達的股價也超過了鴻海。

　　股價會說話，看看鴻海股價走勢圖與立訊股價走勢圖，勝負立判。

圖3-7 鴻海（2317）股價走勢圖

圖3-8 立訊（002475）股價走勢圖

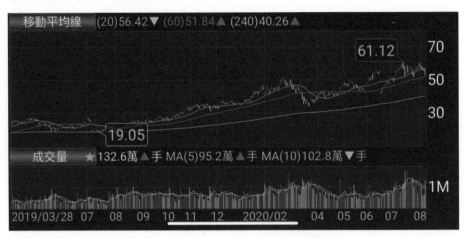

為什麼我不存0050與0056

 你知道嗎？ETF有內扣費用成本

國內ETF與股票一樣，都在證券交易所進行買賣，交易時都會收取千分之1.425的手續費；而在賣出的時候，除了手續費之外，還會收取千分之3的證券交易稅。但ETF也算是基金，因此跟基金一樣，需要付給基金公司、經理人的管理費、設備、行銷等費用，會從管理的總資金（淨值）中直接扣除，又稱為內扣費用。

 不推薦台灣50（0050）的理由

我之所以不推薦台灣50（0050），有以下兩個原因：

❶ 台灣50持股權重較不平均，單一檔台積電就占40%，績效受到單一持股的影響較大。我認為如果要買台灣50，倒不如直接買台積電，台積電比台灣50成分股中的四十九檔更具有長期的競爭力。

❷ 台灣50依市值高低挑選成分股，無法即時剔除虧損的公司，例如之前宏達電（2498）在2013年已發生虧損，但一直到2015年9月才被剔除。

💲 不推薦台灣高股息（0056）的原因

根據以下兩個理由，我也不推薦投資人買進台灣高股息（0056）。

≫ 0056不一定發放股息

0056成分股的跌幅損失過大時會影響配息金額，甚至不配息。

簡單來說，只有當0056投資收益所得之現金股利、已實現的股票股利和資本利得（股價價差收益），高於已實現和未實現的資本損失（股價價差損失）並扣除一切費用後，剩下的才是可分配的收益，也就是餘額為正數才會配息，否則就會減少股息，甚至乾脆不配息。0056於2007年成立，2008年與2009年兩年無法配息、2013年與2017兩年配息不足1元。

表3-17 台灣高股息ETF（0056）2007年至2020年配息與年平均殖利率

年度	股息	股價統計(元)			年均殖利率(%)		
		最高	最低	年均	現金	股票	合計
2020	-	30.89	21.45	27.8	-	-	-
2019	1.8	29.06	23.11	26.9	6.7	0	6.7
2018	1.45	27.84	23.24	25.8	5.62	0	5.62
2017	0.95	26.85	23.07	25.2	3.78	0	3.78
2016	1.3	25.35	20.14	22.9	5.67	0	5.67
2015	1	25.4	18.76	23.1	4.33	0	4.33
2014	1	26.67	22.44	24.3	4.12	0	4.12
2013	0.85	24.79	21.98	23.5	3.61	0	3.61
2012	1.3	25.9	20.76	23.7	5.49	0	5.49
2011	2.2	29.96	20.78	25.8	8.54	0	8.54
2010	0	28	20.91	24.1	-	-	-
2009	2	24.4	13	19.5	10.3	0	10.3
2008	0	27.7	11.73	21.2	-	-	-
2007	-	26.05	24.95	25.6	-	-	-

≫ 0056沒有考慮個股未來的成長

　　0056所謂的「高股息」，並不是全部都挑選每年穩定獲利且高配息的公司，而是在台灣50和中型100指數裡挑選股息殖利率最高的前三十檔股票，以股息殖利率為加權標準，因此很可能挑到一時缺貨、題材賺錢，或是適逢景氣循環高點的股票，如台化

（1326）、福懋（1434）、豐興（2015）、大成鋼（2027）、國巨
（2327）、南亞科（2408）及華新科（2492）皆為景氣循環股。

≫ 2020下半年0056成分股名單

納入成分：義隆（2458）、中鼎（9933）、健鼎（3044）、福懋
（1434）、京城銀（2809）。

刪除成分：國巨（2327）、台化（1326）、大成鋼（2027）、南
亞科（2408）、台勝科（3532）。

表3-18　0056成分股名單

2020下半年0056成分股名單		
台　泥 (1101)	華　碩 (2357)	華新科 (2492)
亞　泥 (1102)	技　嘉 (2376)	陽　明 (2609)
福　懋 (1434)	微　星 (2377)	京城銀 (2809)
華　新 (1605)	廣　達 (2382)	兆豐金 (2886)
豐　興 (2015)	群　光 (2385)	潤泰全 (2915)
光寶科 (2301)	漢　唐 (2404)	神　基 (3005)
金　寶 (2312)	美　律 (2439)	聯　詠 (3034)
仁　寶 (2324)	京元電子 (2449)	健　鼎 (3044)
聯　強 (2347)	創　見 (2451)	緯　創 (3231)
英業達 (2356)	義　隆 (2458)	大聯大 (3702)

06 從日常生活中尋找台灣產業的驕傲

近兩年來，台灣產業已經開始走向世界，包含台積電（2330）躋身為全球第十大市值企業，聯發科（2454）緊盯高通奮起直追，而大立光（3008）一直在全球變焦鏡頭穩定執牛耳。在上述公司為台灣產業爭光的同時，投資人仍可以從日常生活中找到許多標的，同樣也是台灣產業的驕傲。

例如：全球第二大健身器材製造商喬山（1736），2020年將有機會打敗全球最大健身器材設備供應商Life Fitness，成為全球最大健身器材製造商。

許多女孩子可以不吃，但不能不化妝。現在，隱形眼鏡已不只是矯正視力的實用性產品，更華麗轉身，成為讓女孩們追捧的時尚化妝品。投資人可關注台灣隱形眼鏡製造商精華（1565）這檔個股，我曾經在2010年股價約在300元附近買進，800多元賣出。

2014年相當受歡迎的韓劇《來自星星的你》，男主角都教授在半夜送肚子痛的女主角千頌伊到醫院時，身穿西裝，腳下卻是一雙New Balance。我們可以發現，原本保護腳部的運動鞋，在帥哥歐

巴的加持下變成了一種時尚配件,加上運動風的崛起,讓投資人注意到與國際運動品牌Nike密切合作的豐泰(9910)。我在豐泰股價50多元時買進,約在150多元賣出,之後時常來回操作。

平價健身房策略奏效,喬山東山再起

隨著各國國民所得提高,現代人越來越重視休閒生活與身體健康,除了在飲食方面追求健康之外,也帶動全球運動風氣的興盛。為了不受到環境與場地的限制,運動風氣延伸到室內,以健身器材為主的運動在全球掀起狂潮,相關產業也形成了巨大商機。

喬山(1736)於2003年上市,2006年淨利率來到15.17%,EPS高達11元,2007年1月股價也創下最高價290元。2007到2008年間,產能過度擴張,加上全球發生金融海嘯,公司獲利每下愈況,直接反映在「跌跌不休」的股價上。

以往傳統健身連鎖業者的月費40至70美元,2008年遇到全球金融海嘯,健身房會員的人數大幅下降,為了挽救頹勢,健身房每月會費下降至僅收取10至20美元或10至20歐元,使得過去幾年Planet Fitness、Basic-Fit、The Gym與Pure Gym(英)等平價健身房營運快速成長,吸引了更廣大的消費族群,包括偶爾上健身房或第一次

參加健身房的人,而非原本就熱中健身的族群。

平價健身房策略奏效,2010年喬山(1736)開始重新定位,並加強了更具有成長潛力商用市場營運。過去數年,公司轉型為值得信賴的國際健身器材品牌,並在健身房與連鎖飯店取得重大突破,目前營收有75%來自商用市場。商用業務提升,代表喬山產品競爭力提高,不但可以加強公司在產業鏈的地位,也可以降低家用市場競爭激烈的風險。在健身產業即將「大者恆大」的趨勢下,喬山從全球第二大健身器材製造商,逐步登上全球第一寶座,未來有望持續獲得市場青睞,進一步擴大市場占有率與獲利。

隨時留意生活中的流行趨勢,就有機會買到成長股。
喬山(1736)近年搭上健身熱潮,即為絕佳案例。

喬山的兩大成長引擎：健身器材與按摩椅

　　喬山（1736）在2019年收購日本富士醫療器公司60%股權，2020年3月開始貢獻營收。從全球市場來看，近十年按摩器材產業規模約呈現8%至10%的穩定增長，亞洲仍是第一大市場。但值得關注的是，近兩年歐美市場成長迅速，尤其美國市場已進入高速成長期。據估計，健身器材全球市場規模約55億美元，喬山目前占有率約18%；按摩椅全球市場規模約42億美元，喬山目前占有率只約3%。健身器材與按摩椅的銷售通路有很高的重疊性，目前富士醫療器在海外營收占比不高，相對於喬山旗下健身器材品牌深耕全球，兩者的強項互相整合，可發揮最大綜效，進一步拓展健康事業版圖，所以未來幾年，透過提高全球按摩器材市場占有率，將是拉升營收的一大引擎。

　　在本業部分，喬山是健身器材行業唯一在越南設廠的公司，除了降低製造成本外，有關稅的優勢。2020年第三季推出新改款的Horizon家用產品及互動式線上課程產品，新穎的運動概念及產品設計，是近十年來第一次大改款的新產品，將是喬山可帶動營收成長的另一大引擎。

2020年在疫情影響下，商用健身器材銷售在4月落底，但5月起逐月恢復，期間家用健身器材營收倍增，這也說明了，全球健身運動的風潮不受疫情太大影響。以喬山大客戶Basic-Fit為例，該客戶是歐洲最大連鎖健身房，目前擁有831家健身房且為荷蘭上市公司，2020上半年營運報告中表示，2020疫情期間，僅有9%的會員未續約，且新會員加入的比例，甚至高於去年同期。

Basic-Fit今年上半年會員總數，從去年的200萬人再增至217萬人，且目前維持每周平均220萬人次進入場館中運動。

除了健身器材，按摩器材事業也有望為喬山（1736）
帶來可觀的成長。

妖股是否可以投資

2020年，我買進了光洋科（1785）、晟德（4123），及永昕生醫（4726）及愛普（6531）等「妖股」如**表3-20**，賺了不少錢。

表3-20 第一次處置每五分鐘撮合一次的個股

股票名稱代號	處置起訖時間	處置最後一天的股價	波段股價最高點	波段漲幅
愛普(6531)	109/5/5~109/5/18	223元(5/18)	565元	153%
光洋科(1785)	109/6/9~109/6/22	41.35元(6/22)	54.8元	32%
永昕(4726)	109/5/21~109/6/3	30元(6/3)	71元	136%
晟德(4123)	109/6/10~109/6/23	77.5元(6/23)	97.9元	26%

事實上，所謂「妖股」的正確說法，就是警示股。會被列為「警示股」的條件如下：

根據交易所交易制度的規範，短期內大漲或大跌的個股，或個股的交易周轉量過大，都會被列入注意股票，若仍然持續交易異常，就會被列為警示股，警示股若更進一步異常，就會裁處為「處置股」，強制其必須預收款項，並延長撮合時間，例如5分鐘一盤交易、10分鐘一盤交易，或是20分鐘一盤交易等方式。

那麼，為什麼我要投資警示股？

時常聽到分析師說，投資人必須懂得汰弱擇強。事實上，我在攻讀財務金融碩博士時，論文的其中一項重要學術理論就是「四因子模型」，四因子模型中有一個重要的因子是「動能因子」。

動能因子可以發現短期內股價大幅上升的個股，其股價短期內將持續往上攻擊。這種發現，與汰弱擇強選股方式不謀而合。

在多頭市場，投資人一定要記住，買強勢股，不要有落後補漲的想法。

同樣的，空頭市場中也有妖股。在短期內大跌的個股，或個股的交易周轉量過大，一樣會被列入警示股，屆時也可以放空「第一次處置每5分鐘撮合一次」的弱勢股。

結 語

　　時常會聽到這麼一句話：「只要是主力做多的個股，再大的利空都不會跌！」

　　在Part1觀念心法中，我也提過「別跟聯準會作對」。也就是說，股票市場中，再強大的空方力量，都難以抵擋央行做多，這樣的思維與歐洲股神科斯托蘭尼終其一生的觀察是相呼應的。科斯托蘭尼認為：股市漲跌的關鍵來自資金與信心，跟基本面一點關係都沒有。簡單來說，各國的「央行」正是股市裡的「超級大戶」，只要跟著央行資金的浪潮走，就有機會賺到錢。至於大戶央行到底想做多或做空，投資人只要觀察市場利率的變化，就可以對資金潮流了然於胸。相對之下，其他經濟指標就不是那麼重要了。

　　我一直強調，存定存股一定要存金融股，投資人若能定期定額存十年或更久，一定可以達到一個比多年來的平均成本還更高的時點。除了學習書中所提及的「技法」之外，我希望大家也要學到這樣的「心法」：用「看別人家小孩長大」的心情──也就是久久看一下就好──來看待自己手中股票的股價。

　　我想大家都有這種經驗：久久看一次別人家養的小孩，不但健

康可愛，而且感覺像吹氣球一樣，一下就長大了。相反的，自己家小孩明明吃一樣多，可是天天看，身高也沒變，三不五時還生個病，讓我們煩不勝煩⋯⋯

若每天都非常在意股價漲跌，一定會時常感到不快樂。這種不快樂是由股價相對比較所產生。

例如，A股票股價從20元漲到30元，如果A股票發生以下狀況：

❶ 股票在這十天每天漲1元，第十天股價來到30元

❷ 這十天中，股價最高來到40元，第十天回到30元

同樣是上漲，第二種的漲勢會令人有些不快樂，原因在於股價最高來到40元，又回到30元，感覺自己少賺了。

我希望投資人都能透過時間複利，快樂地創造自己的財富。

另外，還有些小叮嚀：

投資人請一定要學會「等待」。做多或做空＋等待＝賺錢。

　　要了解，縱使是贏家，也不可能每一次出手都賺錢。其實只要賺的錢比賠的錢更多，就算是股市贏家了。想要提高賺錢的勝率，一定要嚴守「停損」與「停利」的紀律。停損痛，不停損往往會更痛。

　　「帝王無情，君心難測。」應用在股市裡可以這麼說：「股價無情，底部難測。」千萬別在股價大幅下跌時隨便抄底。那麼，什麼時候才能摸底呢？我會在股價跌深後，出現底部爆大量，形成所謂破底翻時，才進場，並設定本波段下跌的最低點作為停損點。另一個操作方式，則是等股價站上季線，且季線往上揚時，才進場。

　　投資人永遠要記得：「天上掉下來的刀子不要接，接了容易受傷。」

Notes

國家圖書館出版品預行編目（CIP）資料

養一檔會掙錢的股票 / 鄭廳宜作. -- 初版. -- 臺北市：
今周刊, 2020.12
　224面；17x23公分. -- (投資贏家系列；45)
ISBN 978-957-9054-74-4(平裝)

1.股票投資 2.投資分析 3.投資技術

563.53　　　　　　　　　　　　　　109015604

投資贏家系列 45

養一檔會掙錢的股票

作　　　者　鄭廳宜
副總編輯　鍾宜君
責任編輯　李韻
行銷經理　胡弘一
資深副理　陳姵蒨
行銷主任　彭澤葳
封面設計　木木LIN
內文排版　菩薩蠻數位文化有限公司

發 行 人　梁永煌
社　　長　謝春滿
副總經理　吳幸芳

出 版 者　今周刊出版社股份有限公司
地　　址　104408台北市中山區南京東路一段96號8樓
電　　話　886-2-2581-6196
傳　　真　886-2-2531-6438
讀者專線　886-2-2581-6196轉1
劃撥帳號　19865054
戶　　名　今周刊出版社股份有限公司
網　　址　www.businesstoday.com.tw

總 經 銷　大和書報股份有限公司
製版印刷　緯峰印刷股份有限公司
初版一刷　2020年12月
初版九刷　2021年 1 月
定　　價　340元